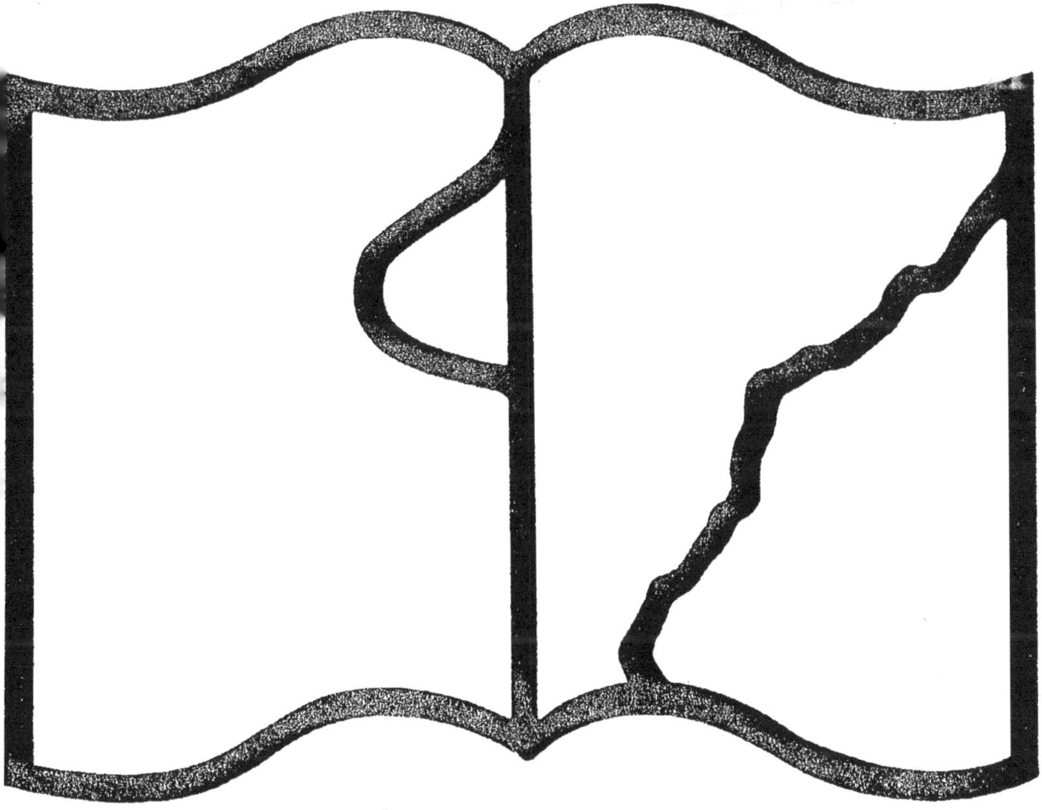

Texte détérioré — reliure défectueuse

NF Z 43-120-11

BIOGRAPHIES ALSACIENNES

ET

PORTRAITS EN PHOTOGRAPHIE

PAR

Ant. MEYER

3me SÉRIE. — 1re LIVRAISON

ANDRÉ, Jean-François. — BRAUN, Albert.
KESTNER, Charles. — PABST, Camille-Alfred.

COLMAR

Ant. MEYER, Éditeur, rue des Clés, 18.

—

1885

BIOGRAPHIES ALSACIENNES

ET

PORTRAITS EN PHOTOGRAPHIE

PAR

Ant. MEYER

3ᵐᵉ SÉRIE. — 1ʳᵉ LIVRAISON

ANDRÉ, Jean-François. — BRAUN, Albert.
KESTNER, Charles. — PABST, Camille-Alfred.

COLMAR
Ant. MEYER, Éditeur, rue des Clés, 18.
—
1885

LISTE DES COLLABORATEURS

Mme BECK-BERNARD. — MM Gustave FISCHBACH. — Charles GRAD. — M. HEID. — G. A. HIRN. — INGOLD. — Ernest LEHR. — Ad. SCHÆFFER. — Ch. SCHMIDT.

CONDITIONS D'ABONNEMENT

On s'abonne pour une année.

Chaque livraison est expédiée contre remboursement, pour :

L'Alsace, (6 livr. par an) . . . . . . fr. 24,—
L'Etranger,   »   . . . . . . » 27,—

Les abonnés qui désirent recevoir franco sans remboursement, sont priés d'envoyer le montant de leur abonnement à M. Meyer, en même temps que leur souscription.

BIOGRAPHIES ALSACIENNES

Recueil publié sous la direction de

ANGEL INGOLD

avec la collaboration de

Mme BECK-BERNARD, MM. H. CETTY, L. DACHEUX,
G. FISCHBACH, Ch. GOUTZWILLER, Ch. GRAD, J. GUERBER,
M. HEID, G. A. HIRN, Arm. INGOLD, Ern. MEININGER,
X. MOSSMANN, Rod. REUSS, Ad. SCHÆFFER, Ch. SCHMIDT,
etc., etc.

PHOTOGRAPHIES

par

Ant. MEYER

TROISIÈME SÉRIE

COLMAR
Ant. Meyer, éditeur, rue des Clefs, 18
1885–1886

TOUS DROITS RÉSERVÉS

LISTE DES COLLABORATEURS

Mme BECK-BERNARD. — MM Gustave FISCHBACH. — Charles GRAD. — M. HEID. — G. A. HIRN. — INGOLD. — Ernest LEHR. — Ad. SCHÆFFER. — Ch. SCHMIDT.

CONDITIONS D'ABONNEMENT

On s'abonne pour une année.

Chaque livraison est expédiée contre remboursement, pour :

L'Alsace, (6 livr. par an) . . . . fr. 24,—
L'Etranger, » . . . . . . » 27,—

Les abonnés qui désirent recevoir franco sans remboursement, sont priés d'envoyer le montant de leur abonnement à M. Meyer, en même temps que leur souscription.

BIOGRAPHIES ALSACIENNES

Recueil publié sous la direction de

ANGEL INGOLD

avec la collaboration de

Mme BECK-BERNARD, MM. H. CETTY, L. DACHEUX,
G. FISCHBACH, Ch. GOUTZWILLER, Ch. GRAD, J. GUERBER,
M. HEID, G. A. HIRN, Arm. INGOLD, Ern. MEININGER,
X. MOSSMANN, Rod. REUSS, Ad. SCHÆFFER, Ch. SCHMIDT,
etc., etc.

PHOTOGRAPHIES

par

Ant. MEYER

TROISIÈME SÉRIE

COLMAR

Ant. Meyer, éditeur, rue des Clefs, 18

1885–1886

TOUS DROITS RÉSERVÉS

TABLE

1. André.
2. Braun, Albert.
3. Kestner.
4. Pabst, Camille-Alfred.
5. Arnold, Dominique.
6. Hommaire de Hell.
7. Jourdain, Alexandre-Xavier.
8. Ræss.
9. Dollfus, Auguste.
10. Hugot.
11. Reuss, Ed.-Guill.-Eugène.
12. Rothan.
13. Braun, Adolphe.
14. Amiral Conrad.
15. Jundt.
16. Reber, Jean-Georges.
17. De Dietrich, Phil.-Frédéric.
18. Hanauer.
19. Baron de Reinach-Hirtzbach.
20. Silbermann, Jean-Thiébaut.
21. Kellermann.
22. Metzger.
23. Reber, Napoléon-Henri.
24. Schutzenberger, Louis.
25. Freppel.
26. Heilmann, Josué.
27. Himly, Louis-Auguste.
28. Général Sée.
29. Dietz-Monnin.
30. Mossmann, Xavier.
31. Pellican, Conrad-Kürsner.
32. Stoltz, Joseph-Alexis.
33. Baron Athalin.
34. Geiler de Kaysersberg.
35. Seinguerlet, Eugène.
36. Schœffer, Adolphe.
37. Dollfus, Jean.
38. Comte de Fries.
39. Maréchale Lefèbvre.
40. Winterer, Landelin.
41. Arnold, Georges-Daniel.
42. Comte Beker.
43. Lix.
44. Risler, Charles-Eugène.
45. Blech, Jacques.
46. Morel.
47. Muntz, Eugène.
48. Valentin.

ERRATUM

Dans la notice biographique de M. le baron Hesso-Antoine de Reinach, page 1 ligne 3 il faut lire 1819 au lieu de 1829.

ANT. MEYER, PHOTOG COLMAR   DÉPOSÉ

ANDRÉ, Jean-François

ANDRÉ, Jean-François

Fils d'un avocat au Parlement de Metz, André est né à Toul le 7 avril 1767. Après avoir achevé ses études classiques au collége de sa ville natale, il entra à l'Université de Strasbourg pour y faire son droit. Il obtint ses lettres de licence en septembre 1787, et s'enrôla dans le barreau qui était attaché au directoire de la noblesse immédiate de la Basse-Alsace. Il se fit bientôt remarquer par un esprit clair et méthodique, par des connaissances juridiques chaque jour s'étendant, par une rectitude de jugement et une puissance de dialectique surprenantes chez un homme si jeune encore. Aussi, quand en 1790 les exigences d'une santé chancelante eurent condamné au repos M. Kentzinger père, qui avait succédé à M. de Schwendt dans les fonctions de syndic, André fut-il désigné pour le suppléer. Dans le cours de la même année, le présidial était supprimé; le jeune syndic prit alors le titre d'homme de loi.

Cependant la Révolution marchait à grands pas. André entra résolument dans le mouvement. Le 21 août 1792, il est nommé membre du Conseil général du département du Bas-Rhin; le 21 janvier 1793, il succède à Monet comme procureur général syndic près le même conseil. Le 2 novembre un arrêté de St.-Just et Lebas cassait l'administration départementale, celle du district et la municipalité de Strasbourg. André fut arrêté immédiatement après comme modéré, et conduit dans les prisons de Metz, où il resta dix mois. A son retour il était reçu par ses concitoyens avec les vives démonstrations d'une joie dont les documents contemporains ont retenu l'écho.

Quand Robespierre tomba, le représentant Foussedoire fut envoyé en Alsace. Il crut ne pouvoir mieux répondre à la mission de conciliation et d'apaisement dont il était chargé, qu'en appelant André aux fonctions de maire de Strasbourg. André avait alors vingt-six ans. Mais sollicité de prêter la main à des représailles que sa conscience réprouvait, le nouveau maire ne tarda pas à donner sa démission, sans toutefois pouvoir la faire accepter. Enfin le commissaire Bailly, venu en janvier 1795 pour terminer l'œuvre commencée par Foussedoire, comprit ses scrupules et leur donna satisfaction. Vers la fin de l'année, André fut nommé maire pour la seconde fois: il demeura inébranlable dans son refus. Le 18 novembre, le Directoire le chargea de le représenter près de l'administration départementale avec le titre de commissaire du gouvernement. Il occupa ce poste jusqu'au mois de mars 1798, époque où les suffrages de ses concitoyens l'envoyèrent siéger au Conseil des Cinq-Cents.

André se signala au corps législatif par une féconde activité. Entre autres propositions dues à son initiative, nous citerons ses motions contre les maisons de jeu, contre l'impôt sur le tabac, sa demande d'abrogation de la loi du 18 fructidor, qui mettait les journaux à la merci du Directoire. Son noble refus de s'associer à l'attentat du 18 brumaire l'exila de la capitale. Il se retira dans une propriété des environs de Toul, à Gondreville, bien décidé à se tenir pour jamais à l'écart des affaires politiques. Mais l'homme n'est pas maître de sa destinée.

En 1809, les dangers de la patrie l'arrachèrent à son foyer. L'Angleterre tentait sur les côtes néerlandaises cette fameuse expédition de Walcheren qui eût pu avoir de si terribles résultats pour la France. Nos légions étaient occupées en Espagne, en Allemagne ; le gouvernement fit appel au patriotisme des populations et ordonna la levée des gardes nationales. André accourut à Anvers et prit service avec le grade de capitaine de cavalerie. L'ardeur qu'il déploya, son intrépidité en face du danger, le firent bientôt juger digne de combattre aux côtés du général en chef Bernadotte, comme aide-de-camp. A la suite d'une action d'éclat, Lucien Bonaparte, à qui il avait inspiré une grande amitié, demanda pour lui la croix de la Légion d'honneur. Mais Napoléon gardait rancune à André depuis le 18 brumaire. Il répondit sèchement à son frère : « La Légion d'honneur n'a pas été créée pour mes adversaires du Conseil des Cinq-Cents. » En 1833 Louis-Philippe répara cette injustice et décora André.

Cependant Bernadotte était resté frappé de la bravoure de son ancien aide-de-camp, et des ressources qu'offraient son intelligence et son savoir. Elu prince royal de Suède par la diète d'Oerebro, il l'appela auprès de lui. André renonça aux superbes promesses qu'on faisait miroiter à ses yeux, pour complaire à sa femme qu'effrayait cette expatriation.

Nommé conseiller à la cour impériale dont le décret du 10 juin 1811 venait de doter la ville de Colmar, André se montra plus jaloux que jamais de sa fière indépendance. Au retour des Bourbons, en 1814, il voulut donner sa démission, et écrivit dans ce sens à M. le chevalier de Lassale, commissaire du Roi. Quinze jours après M. de Lassale répondait par une lettre qui n'honore pas moins le gouvernement de la Restauration que la mémoire d'André. Lors de l'affaire dite « de la conspiration de Belfort », ce dernier demanda la mise en liberté de 27 personnes sur les 44 qui étaient frappées d'accusation, et refusa d'apposer sa signature au bas du jugement jusqu'à ce que procès-verbal de son vote fut déposé en minute au greffe de la Cour. Cette protestation était d'autant plus courageuse, qu'André avait à craindre le sort de cet avocat-général, qui fut disgracié et rélégué à Cayenne, comme soupçonné d'avoir montré trop d'indulgence et de mollesse dans la partie de l'instruction et de l'accusation.

Aux élections législatives de novembre 1827, il obtint les suffrages du collége de Colmar. L'un des bulletins portait : *André l'invariable*. Ce succès causa une joie générale ; on le chanta en vers et en prose. André prit part à tous les travaux de la Chambre et sut, en toute occasion, être fidèle à son passé. En 1830, il figura au nombre des 221. Plus tard il ne cessa de réclamer à la tribune la réduction de l'impôt sur le sel, et l'abolition du droit d'entrée sur les bestiaux. Les électeurs lui préférèrent M. de Golbéry en 1834.

André était président de chambre depuis 1833. Il consacra les années qui lui restaient à vivre, aux devoirs de sa charge et à l'exercice d'une ardente charité. La veille de son dernier jour, on le voyait encore entouré des nombreux pauvres auxquels, chaque semaine, il distribuait des secours et dont il était la Providence visible. Il mourut dans la nuit du 15 au 16 octobre 1848.

ANT. MEYER, PHOTOG. COLMAR   DÉPOSÉ

ALBERT BRAUN

BRAUN, Albert

EST l'auteur d'un petit nombre de chefs-d'œuvre qui méritent de vivre.

Il n'est pas un chœur d'hommes qui ne chante son *Mutterseelenallein*. Alors que maint fait d'armes, maint livre fort remarqué à son heure, maint nom qui aujourd'hui sonne fort haut sera tombé dans un profond oubli, nos descendants se souviendront encore du modeste compositeur alsacien auquel ses fonctions et sa position dans le monde ne permirent pas de se donner tout entier à l'art musical, mais qui toutes les fois qu'il s'essaya à la composition, produisit des œuvres d'une haute distinction.

Albert Braun naquit à Mulhouse, en 1808. Son père, Gaspard Braun, avait épousé Barbe Mieg qui faisait partie de l'une des plus anciennes familles patriciennes de Mulhouse. Particulièrement doué pour la musique, il n'en étudia pas moins, non-seulement par devoir, comme on l'a dit, mais pour obéir à un penchant de son cœur, la théologie à Strasbourg. Après avoir passé quelques années à Genève en qualité de professeur, il fut nommé pasteur dans sa ville natale. Il y fut l'ami des pauvres, l'ennemi des convictions marquées au cachet de l'exclusivisme. Malgré les soubresauts dont son tempérament de feu ne sut pas le préserver, il est bien permis de dire qu'il fut possédé de la passion du vrai et du bien.

Mais c'est surtout vers l'art musical qu'il tourna le plus pur de son esprit; c'est dans ses compositions musicales qu'il fit passer toute la sensibilité de son âme éprise des choses élevées, sensibilité que les gens pratiques et positifs étaient incapables de comprendre. Lors de sa mort arrivée en juin 1882, l'un de ses biographes put dire, à bon droit, que l'Alsace perdait en lui « un compatriote remarquable, » auquel on devait non-seulement le tendre et mélancolique *Mutterseelenallein*, mais encore le *Waldlied*, le *Grablied :* « Schlummre, o Trauter! », des mélodies entraînantes telles que *Röschen am Rhein*, et surtout son magnifique choral: *Wer auf Gott den Herrn vertraut, keiner wird zu Schanden.*

Le 14 janvier 1883, grâce à l'initiative prise par M. Ad. Stiehlé, de nombreuses sociétés de chant se donnèrent rendez-vous au cimetière protestant de Mulhouse, sur la tombe de Braun, de cet artiste populaire « autant par l'originalité de ses idées et de ses allures que par le caractère inspiré et classique qu'il avait su imprimer à ses œuvres. » Sur la dalle de marbre sous laquelle reposent les restes du sympathique compositeur, une main pieuse déposa une couronne de bronze enveloppée d'un voile de crêpe. Cent cinquante chanteurs, entourés de centaines d'auditeurs, exécutèrent, avec un remarquable ensemble, le *Grablied*, composé par Braun lui-même. Puis, tour à tour, M. Rodolphe de Türckheim, président de l'Association des chanteurs alsaciens, M. Striedbeck, directeur-président de la Chorale de Strasbourg, M. Max Frey, gendre du défunt, d'autres encore rappelèrent, en termes émus, l'homme original, mais aimant, le compositeur populaire, « dont l'existence ne fut pas ensoleillée comme celle de tant d'autres compositeurs de notre époque, » mais dont le nom vivra dans les annales de l'art non moins que dans celles de l'Alsace.

Pour compléter cette esquisse biographique,

nous demanderons la permission de dire quelques mots, non pas tant des nombreux discours d'occasion qu'Albert Braun livra à l'impression, que de la *thèse* académique fort curieuse et fort remarquée qu'il fit paraître, en 1835, à l'âge de 27 ans. Il s'y peint tout entier. Elle a pour titre: *Essai sur les futures destinées du Christianisme*.

Toutes les philosophies ne durent qu'un temps; le christianisme seul est éternel et impérissable : voilà la thèse, la vérité à démontrer. Pour arriver à son but, l'auteur se place tour à tour au point de vue du vrai, du beau et du bien. De là les trois parties dans lesquelles se décompose son travail, une partie *métaphysique*, une partie *esthétique* et une partie *morale*. C'est la seconde qui est la plus originale. Pour Braun, « l'art et la religion doivent marcher l'une avec l'autre; le premier ne s'est jamais élevé plus haut, que lorsqu'il a été au service des idées religieuses, et le christianisme, qui a sanctifié la nature et rendu à l'esprit la suprématie sur la matière, a enfanté, pendant les dix-huit siècles de son existence, plus de merveilles que toutes les mythologies de l'ancien monde prises ensemble. » La peinture, l'architecture, la musique doivent énormément au christianisme, la musique surtout, « cet art merveilleux qui nous introduit malgré nous dans les régions surnaturelles. » C'est l'art le plus idéal, s'écrie l'auteur. « Il nous élève au-dessus de cette vie; et, sur les ailes de ses sons divins, nous nous envolons, heureux et croyans, vers ce monde où aspirent nos affections les plus chères et nos plus douces espérances. O grands maîtres, qui avez entendu dans vos âmes ces échos de l'harmonie universelle ou qui y avez reconnu les symboles de la beauté céleste, les auriez-vous jamais vus et entendus, si vous aviez été sans foi et sans amour? » Aussi l'auteur n'hésite-t-il pas à affirmer que dans la religion chrétienne « qui nous présente la Divinité descendue dans l'humanité », se concentreront toujours davantage, comme en un foyer lumineux, les éléments de la vraie beauté : alors, « quand le christianisme aura repris une nouvelle vie, nous verrons les arts refleurir dans toute leur sublime et originale beauté ; ils ne seront plus esclaves de la matière, mais ils n'agiront que sur les âmes, et n'useront de la forme que comme du moyen par lequel il faut parler à l'esprit. »

Quel est donc l'avenir réservé au christianisme ?

Il enseigne la vérité, le beau et le bien absolus : il est éternel. Avec Benjamin Constant, l'auteur affirme que, « dans sa doctrine, dans ses préceptes, dans toute la portion émanée de son divin auteur, il n'est pas perfectible, il est parfait, mais que, dans les formes, il peut y avoir lieu à perfectionnement... » La véritable Eglise évangélique serait « celle qui réunirait tout ce qui est beau et vrai dans un harmonieux ensemble, et où chaque besoin de notre âme trouverait une suffisante satisfaction. »

Telle est la substance de ce précieux petit volume.

Nous n'en partageons pas toutes les idées. Mais ce qui nous plaît singulièrement, c'est d'y trouver la largeur d'esprit unie à des convictions ferventes. Ce qui en fait l'originalité, c'est que l'auteur y confond, dans un même culte, pur et ardent, l'art et la religion, préludant ainsi, si j'ose dire, à sa vie tout entière. Cela valait bien la peine d'être relevé.

AD. SCHÆFFER.

ANT. MEYER, PHOTOG. COLMAR   DÉPOSÉ

KESTNER, Charles

KESTNER, Charles

A été le chef de la grande fabrique de produits chimiques de Thann. Né à Strasbourg le 30 juin 1803, il était petit-fils de la ravissante Charlotte Buff, dont Gœthe a fait l'héroïne de son roman *Die Leiden des jungen Werther*. La mort l'enleva le 12 août 1870, au moment même où les troupes allemandes apparurent sur le territoire alsacien. Il venait de faire installer dans sa maison une ambulance pour les victimes de la guerre et que sa veuve entretint plusieurs mois durant en souvenir de lui. Homme de bien et patriote, sévère à lui-même, indulgent aux autres, doué d'une grande douceur de caractère, le cœur plein de bonté, il s'est inspiré pour tous les actes de sa vie du sentiment du devoir. Sa jeunesse a été consacrée à la réhabilitation de son père, dont l'industrie avait subi une crise malheureuse. Arrivé à la fortune par un travail énergique, il s'appliqua particulièrement à améliorer le sort de ses ouvriers, tout en consacrant encore une partie de son temps aux affaires publiques. Les électeurs du Haut-Rhin l'envoyèrent par 133,000 suffrages siéger à l'Assemblée Constituante de 1848, puis à l'Assemblée législative. Au 2 décembre 1851, il adhéra à la déchéance prononcée contre l'auteur du coup d'Etat, à la mairie du Xe arrondissement de Paris, ce qui lui valut d'être incarcéré et exilé. En 1827, il avait épousé la fille du général baron Rigau, qui fut sa compagne dévouée et lui donna cinq filles. Mme Kestner a pris un soin jaloux de donner à ses enfants une forte éducation, empreinte d'un libéralisme avancé et dont les événements politiques de notre temps ont ressenti l'influence. Qu'il nous suffise à ce propos de nommer ses gendres : le colonel Charras, sous-secrétaire d'Etat du ministre de la guerre sous la deuxième république ; M. Camille Risler, beau-père de Jules Ferry, actuellement président du conseil des ministres en France ; M. Victor Chauffour, ancien professeur de droit et actuellement conseiller d'Etat ; M. Floquet, député de Paris ; M. Scheurer-Kestner, membre du Sénat. Autant de noms qui laisseront une trace dans l'histoire de la France républicaine.

Avant de s'établir à Thann, le père de Charles Kestner faisait la banque à Strasbourg. La fabrique de produits chimiques fondée à Thann par Jérémie Risler, qui introduisit à Cernay la filature de la laine, passa entre ses mains peu de temps après. Kestner père vint y exploiter l'acide sulfurique et les dérivés du sel commun, avec le concours de son fils, devenu son associé. Quoique modeste dans ses débuts, cette industrie progressa rapidement, simultanément avec la fabrication des toiles peintes dans le rayon de Mulhouse. A ses premiers produits, la maison ajouta successivement une quantité d'autres articles, de manière à préparer aujourd'hui sur une grande échelle outre l'acide sulfurique et l'acide sulfureux, les acides chlorhydrique, acétique et tartrique, avec leurs principaux dérivés salins, tels que les sels de soude : silicate, stannate, sulfite et bisulfite, sulfate et bisulfate ; les nitrates de plomb ; de cuivre, de fer ; le chlorure de chaux et les chlorures d'étain, le sulfate de zinc, l'arséniate de soude, le vert Guignet, le deuto-chlorure d'étain sec et liquide, le chlorure de cuivre cristallisé, le chlorate d'ammoniaque. A la suite de la grande fabrique de Thann, d'autres établissements se sont installés en Alsace, à Mulhouse, à Saint-Louis, à Dornach et à Bouxwiller; mais sans atteindre une importance égale.

Nombre de perfectionnements introduits dans les industries chimiques ont leur origine dans la fabrique de Thann, dont Charles Kestner resta le chef pendant près d'un demi-siècle. Rappelons seulement les améliorations dues à M. Auguste Scheurer-Kestner pour la fabrication de la soude artificielle, dont la production constitue en quelque sorte la base de cette industrie. Année moyenne, la fabrique de Thann et sa succursale de Bellevue livrent au commerce 15,000 tonnes de produits divers, avec un personnel de 400 ouvriers. Leur consommation en matières brutes s'est élevée en 1855 à 4800 tonnes de houille, 1250 tonnes de soufre, 1900 tonnes de pyrites sulfureuses; en 1865: 8500 tonnes de houille, 2300 de sel, 2500 de pyrites; en 1882: 12,400 tonnes de houille, 3000 de sel, 6000 de pyrites. La distillation du bois à la succursale de Bellevue porte sur 8000 stères, une année dans l'autre. Presque tous les produits de cette fabrication se vendent en Alsace à l'industrie du blanchiment et de l'impression sur tissus. Malgré la barrière douanière élevée depuis 1871, Paris, l'Angleterre et la Suisse s'approvisionnent aussi à Thann d'acide tartrique et de quelques articles peu encombrants.

Charles Kestner, a dit un de ses biographes, était un père pour ses ouvriers. D'un caractère éminemment bienveillant, il leur parlait un langage à leur portée et gagnait leur confiance en exerçant sur eux une sorte de tutelle que ses bienfaits avaient rendue sympathique. A côté des institutions de secours aujourd'hui obligatoires, mais introduites depuis longtemps par la libre initiative des patrons dans la plupart des établissements de la grande industrie de l'Alsace, la fabrique de produits chimiques de Thann accorde de plus aux ouvriers une part directe dans les bénéfices. D'après les statuts actuels de la maison : « les contre-maîtres et ouvriers, entrés dans l'établissement avant le 1er avril de l'année courante et s'y trouvant encore au moment de la clôture de l'exercice, recevront en sus de leurs salaires une part de 10 pour cent dans les bénéfices de l'établissement. Ces 10 pour cent seront prélevés sur les bénéfices, tels qu'ils seront constatés par l'inventaire et déterminés par l'assemblée générale des actionnaires, sous la seule déduction des intérêts et des 10 pour cent affectés au fonds de réserve. » La répartition se fait en proportion de la somme des salaires de l'année et de la durée des services. En cas de décès, les héritiers ont droit à la part revenant à l'ouvrier ou au contre-maître associé. Depuis l'application de cette mesure, les parts de bénéfices touchées par les ouvriers de la fabrique ont varié de 16 à 314 fr. par tête et par année, la bonification moyenne dépassant 50 fr. pour la moitié d'entre eux. Sauf des cas exceptionnels, les ouvriers intéressés ne peuvent retirer leur part de bénéfices qu'après trois ans. Cette somme est inscrite dans un livre spécial à son crédit et elle porte intérêt. Toutefois, l'ayant-droit vient-il à mourir ou s'il quitte l'établissement, le prélèvement peut être immédiat, comme aussi dans le cas où les chefs reconnaissent la nécessité du prélèvement ou son affectation à une dépense utile. Le but de cette disposition est d'encourager l'ouvrier à l'épargne, de même que la vente des maisons dans l'œuvre des cités ouvrières.

Ch. G.

SOURCES : Mossmann, *Les grands industriels de Mulhouse*. Paris, 1879. — Charles Grad : *Études statistiques sur l'industrie de l'Alsace*. Colmar et Paris, 1879. — Vapereau : *Dictionnaire des contemporains*, 4e édition.

PABST, Camille-Alfred

PABST, CAMILLE-ALFRED

Peintre, né le 18 juin 1828, dans une propriété que sa famille possède à Heiteren, Haut-Rhin. Pour arriver à l'art auquel il doit sa réputation, Pabst s'engagea dans une voie fort détournée : il commença ses études de droit à Strasbourg en 1848, se fit inscrire au barreau de Colmar en 1851, porta la parole dans plusieurs affaires, et s'acclimata au palais avec une bonne volonté d'autant plus louable, que déjà ses goûts l'appelaient vers d'autres sphères. Pendant cette première période de sa vie, il occupa ses loisirs à cultiver un talent d'amateur plein de promesses, et consacra ses vacances à visiter les principaux musées de l'Europe. Enfin, vers 1860, ne sachant plus résister au démon qui le tourmentait, il jeta la robe aux orties, et saisit le pinceau d'une main déterminée à arriver au but. Il frappa à la porte de M. Comte et lui demanda ses conseils. Les qualités de son esprit et de son cœur séduisirent bientôt le maître, qui devint pour l'élève un véritable frère et le meilleur des amis.

Peu d'années après Pabst exposait au Salon. Il donna successivement : *Une jeune femme Louis XIII, accordant une guitare* (1865); *Une mère* (Alsace au XVIᵉ siècle); *Le Dîner du Lansquenet* (1866); *Chez l'Alchimiste ; Une Scène de la Comédie italienne* (1868); *La Folie et la Vérité ; L'Attente* (1869); *Duo* (1870).

Les désastres de la guerre franco-allemande frappèrent l'artiste d'une affliction dont le temps n'a pu effacer l'amertume, et influèrent d'une manière décisive sur la direction qu'il suivit dès lors. Il se retourna vers l'Alsace et chercha dans son patriotisme la source de ses inspirations. Voici le titre de ses principales productions depuis cette époque :

Lecture de la République française; La Cocarde tricolore (1871); *Jeune mère montrant à son fils la Croix de la légion d'honneur, gagnée par son père sur le champ de bataille* (1872); *La lettre de France; Jeune mère alsacienne* (1873); *Paysans alsaciens tressant des couronnes pour fêter la rentrée des soldats français à Belfort* (1874); *Les Noud'les; Un coin d'atelier; Une mariée en Alsace* (1875). Ce dernier tableau fut très-remarqué. Il valut au peintre un très-joli succès et de précieux suffrages. Pabst sortait de la foule; il était désormais connu et classé. Il exposa ensuite : *Le Jeu de Quilles* (1876); *Le Berceau; Souvenir* (1877); *Les Curieuses; L'Album de la guerre; Un pharmacien alsacien; La leçon de lecture* (1878); *Le Cadeau du grand'père; Le repos du modèle; Chiffons d'atelier* (1879); *Alsaciens dans mon atelier à Paris* (1881). L'année suivante, le talent de Pabst se révéla sous un nouvel aspect. Il exposa les portraits de MM. Riotteau, député, Charles Dollfus, peintre et homme de lettres, Laferrière, président de section au Conseil d'État, Charles Lepère, député, ancien ministre, Ch. Quentin, directeur de l'assistance publique. En 1883 il envoya au Salon une *Jeune mère alsacienne, La toilette*, et à l'exposition triennale, *Confidences*. *L'Alsacienne pleurant la mort de Gambetta* (1884) clôt magistralement l'œuvre de Pabst — quant à présent.

Nous avons cru inutile de décrire chacune de ces toiles, la gravure ayant popularisé le plupart d'entre elles. On y trouve une franche saveur de terroir, un parfum d'Alsace qui charme et émeut. Le nom de Marchal a souvent été prononcé à propos de Pabst. S'il y a du vrai dans ce rapprochement, Pabst ne se distingue pas moins par une originalité propre, qui empêche toute confusion. L'esprit de ses compositions est d'une grande finesse; elles sont caressées d'une brosse délicate et toujours ingénieusement conçues. On admire le soin méticuleux apporté à chaque objet, le vrai et le fini de tous les détails; on se laisse attendrir par le sentiment qui anime la peinture et par la poésie pénétrante qui s'en dégage. Excellent peintre, Pabst sait aussi dessiner, et la ligne chez lui égale la couleur en solidité et en souplesse.

Le musée de Colmar possède la *Mariée en Alsace*, don gracieux de l'auteur. Cette œuvre a figuré à l'Exposition universelle de Philadelphie en 1876.

ARNOLD, Dominique

ARNOLD, Dominique

Est né à Lautenbach-Zell (Haut-Rhin), le 19 mai 1805. Quand l'heure fut venue de choisir entre les diverses voies qui s'ouvraient devant lui, Arnold obéit à l'attrait irrésistible qui l'appelait vers les études médicales, et se rendit à Strasbourg. Doué d'une énergie peu commune, il se mit au travail avec l'âpreté d'un esprit avide de savoir et la vaillance d'un cœur plein de jeunesse et de foi. Bientôt la science lui eut livré ses secrets et il alla s'établir à Soultzmatt (Haut-Rhin). C'était en 1829.

Le *Panthéon des Illustrations françaises au dix-neuvième siècle* a consacré, en 1869, une notice à cet homme de mérite. Nous en détachons les lignes qu'on va lire :

« Ses débuts furent heureux ; diverses opérations chirurgicales, aussi difficiles que délicates, un diagnostic sûr, sa spécialité dans le traitement des maladies de poitrine, lui valurent bientôt une grande réputation et une nombreuse clientèle.

« M. Arnold est l'inventeur de l'*Eau balsamique de Soultzmatt*. Cette découverte due à de patientes recherches et à de consciencieuses expérimentations, a fourni à la science médicale un nouvel agent thérapeutique puissant.

« Dans une brochure publiée en 1860, M. Arnold indique les propriétés de l'eau balsamique et son efficacité dans le traitement de la phthisie pulmonaire et des affections chroniques des muqueuses.

« En 1865, le docteur Arnold eut l'heureuse idée de créer dans son établissement une chambre d'inhalations balsamiques.

« Que de malades de poitrine, entièrement désespérés et même abandonnés, venus de près et de loin, doivent leur guérison à son traitement.

« Le dévouement dont M. Arnold a fait preuve lors de l'épidémie cholérique qui ravagea en 1855 la commune de Soultzmatt, lui valut une médaille d'or.

« Les services rendus à la société par la découverte de M. Arnold lui donnent à juste titre droit à la reconnaissance de ses concitoyens. »

M. Arnold est mort à Soultzmatt le 28 juin 1872.

X. HOMMAIRE DE HELL

X. HOMMAIRE DE HELL

Né à Altkirch (Haut-Rhin), le 24 novembre 1812, Ignace-Xavier-Morand Hommaire de Hell révéla de bonne heure, au collége de sa ville natale, son aptitude pour les sciences et les études graphiques. A l'âge de vingt-un ans, il sortit de l'Ecole des mines de Saint-Etienne avec le grade d'ingénieur civil. Dès le début de sa carrière, le sort lui fit rencontrer une âme capable de comprendre la sienne. Il épousa mademoiselle Adèle Hériot, née à St-Etienne, jeune femme d'un grand esprit, possédant un talent d'écrivain hors ligne. Elle l'accompagna dans ses premiers voyages et en écrivit la relation pittoresque. Après avoir pris part aux études du chemin de fer de Lyon à la Méditerranée, Hommaire se sentit pris de la passion de l'inconnu : explorer l'Orient était son rêve. Le gouvernement ottoman avait accepté ses services comme ingénieur attaché aux travaux publics. Jeté par un naufrage sur les côtes de Céphalonie, il arriva à Constantinople à la suite d'une dramatique odyssée. Sa jeune femme et son enfant le rejoignirent plus tard. Le ministre Mohammed Namik Pacha lui demanda les plans de grands travaux. Une belle perspective s'ouvrait devant lui, mais une révolution de palais fit crouler cet échafaudage d'espérances. Hommaire ne perdit point courage : il partit avec sa jeune famille pour Odessa où le comte Woronzow lui facilita les moyens d'accomplir sa mission. Elle consistait à reconnaître la constitution géognostique de la Crimée, celle des Steppes de la Nouvelle Russie et à chercher la solution du grand problème de la rupture du Bosphore. En 1839 il découvrit une mine de fer sur les bords du Dniéper et cette découverte lui valut la décoration de Saint-Wladimir.

Après de longues et périlleuses étapes dans les déserts de sable (Mme Hommaire les affronte avec le plus grand courage) les voyageurs visitent le Caucase où Schamyl tenait encore la campagne.

Ce premier voyage valut à notre compatriote le grand prix de la Société géographique de France. Il se résume par un parcours de 13,000 lieues de poste dans des conditions de locomotion toujours pénibles, souvent dangereuses. Rentré à Paris en 1841, Hommaire mit en ordre les matériaux considérables qu'il apportait avec lui. En 1843 parurent sous le titre : *Les steppes de la mer Caspienne, le Caucase, la Crimée et la Russie méridionale*, trois volumes avec atlas, planches dessinées par Ferogio d'après les croquis d'Hommaire et une carte dressée d'après les observations astronomiques les plus récentes. Lors de la guerre de Crimée, cette relation a rendu de grands services en fournissant des indications précises sur le littoral de la mer Noire, de la mer d'Azof et surtout sur les ressources stratégiques de la place de Sébastopol.

Décoré de la Légion d'honneur le 26 février 1845, Hommaire de Hell était entré dans le grand jour de la notoriété. La France, stimulée par l'exemple de l'Angleterre, sentait le besoin d'asseoir son influence dans les pays lointains. En Orient surtout il lui fallait des éclaireurs capables de lui fournir des données sur les débouchés pouvant s'ouvrir à son industrie, à son commerce. Les ministres de l'Instruction publique, du Commerce et des Affaires étrangères confièrent à notre voyageur la mission de compléter ses recherches scientifiques, géographiques et historiques sur les bords de la Mer Noire et de la Mer Caspienne et de pousser ses explorations jusqu'en Perse.

Au mois de février 1846, il se met en route avec sa femme et un jeune peintre de grand talent, M. Jules Laurens, attaché à sa mission. Il s'arrête en Italie où il recueille de nombreux documents cartographiques. Un coup de baguette, et de Rome nous passons à Stamboul. Mme Hommaire s'installe à Thérapia. Cette fois son mari ne lui permit pas d'affronter les péripéties trop aventureuses du nouveau voyage. Quant à lui, il suit, en barque presque toute la côte ouest de la Mer Noire, revoit la Moldavie et rentre à Thérapia pour s'y préparer au voyage en Asie mineure et en Perse. Il souffrait alors des premières atteintes d'un mal inexorable.

En Bithynie ce mal parut s'humaniser et la continuation du voyage fut décidée. Mme Hommaire rentra en France. Jamais séparation ne fut plus douloureuse.

Hommaire et Laurens longent la côte sud de la Mer Noire jusqu'à Trébizonde. De là ils suivent la vallée de l'Euphrate, visitent les sources du Tigre, paysages bibliques et grandioses, navigation accidentée sur les rapides, au moyen d'un radeau monté sur des outres de peau d'agneau, où flotte le drapeau tricolore. Ils traversent le sauvage Kurdistan, passent à Diarbékir, à Vaun, à Tauris, et la première halte sur le sol persan est Zeïry. A Tauris, Hommaire étudie à fond toutes les questions, de commerce, d'industrie et d'administration. Il y visite les fameuses fabriques de châles de Kerman, celles des feutres à dessins. Il recueille des notes sur l'organisation des consulats anglais en Anatolie et en Arménie, sur le commerce d'importation et d'exportation de la Perse. Le 11 janvier 1848, il se dirige sur Téhéran. Des doses multiples de quinine calment sa fièvre et lui permettent de travailler.

Le 9 février, il descend à l'Ambassade française. Son corps était en Asie, sa pensée en Europe. Six lettres de sa femme, arrivées à la fois, calment sa prostration morale. Il est présenté au Schah Mohamed, dont M. Laurens crayonne le portrait ainsi que celui de son jeune fils, le schah actuel Nashr Eddin.

Les voyageurs font une excursion à Schahroud, au Mazandéran, au Laristan, dans le voisinage de la mer Caspienne. A Astérabad, sur la frontière du Turkestan, Hommaire fait de nombreuses observations scientifiques et ethnographiques. Il franchit, dans l'Irak-Adjémi, le célèbre défilé des Portes-Caspiennes par où passa Alexandre-le-Grand. Enfin il part pour Ispahan : sa faiblesse est telle qu'il peut à peine se tenir à cheval. Il arrive cependant dans l'ancienne capitale de la Perse et descend, au quartier arménien de Djoulfa, dans la maison du Père Giovanni, missionnaire de la Propagande. Le 21 août, la fièvre, activée par un climat meurtrier, prend un degré d'intensité violente. Il ne reste plus aucun espoir. Le journal du voyage signale tristement jour par jour, les progrès du mal. Hommaire de Hell mourut, le 30 août, dans la maison hospitalière de la mission et fut inhumé dans le cimetière arménien de Djoulfa.

Charles Goutzwiller.

ANT. MEYER, PHOTOG. COLMAR

JOURDAIN, XAVIER

JOURDAIN, Alexandre-Xavier

ANUFACTURIER et agronome, est né à Neuf-Brisach, le 6 novembre 1798 et mort, le 5 novembre 1866, au château de Rouffach. L'industrie cotonnière lui doit l'invention d'un métier à tisser, qui permit de fabriquer mécaniquement les tissus les plus fins et les plus légers. Dans le domaine agricole il s'est fait le promoteur de la culture intensive en Alsace et il a amélioré beaucoup l'espèce bovine dans le Sundgau. Membre d'une famille nombreuse, il a acquis une grande fortune par un travail assidu et intelligent. Son père, ancien capitaine du génie, le fit admettre, en 1812, à l'école des arts et métiers de Châlons, comme boursier, en vertu d'une disposition légale par laquelle toute famille ayant huit enfants pouvait obtenir dans cette école la pension gratuite pour un des fils. Ses études furent heureuses, quoique interrompues par l'invasion de 1815 qu'il a combattue comme volontaire dans le bataillon des écoles d'arts et métiers. Sorti de l'école en 1819, avec les meilleures notes, il travailla un moment dans les bureaux de l'inspecteur divisionnaire des ponts et chaussées à Strasbourg, pour se préparer au service de la correction du Rhin, dont son père avait soumissionné l'entreprise. Un goût inné pour la mécanique le fit pourtant entrer en 1821 dans les ateliers de construction de machines de la maison Risler et Dixon à Cernay. En peu de temps il devint directeur de cet établissement qu'il quitta vers 1827 pour s'établir à Altkirch comme constructeur de machines à son compte et pour exploiter un atelier de tissage mécanique.

Ce tissage, fondé sous la raison sociale Xavier Jourdain et Cie, ne compta d'abord que 100 métiers. Vingt ans plus tard le nombre de métiers, successivement accru, s'élevait à 650 dans ses ateliers élevés sur un canal qu'il fit creuser pour utiliser une chute d'eau importante. Dès 1828, Jourdain avait obtenu un premier brevet pour l'invention d'un métier à tisser nouveau. Un autre brevet, en date de 1841, fit époque dans l'industrie du tissage. Ce brevet consacra l'invention d'un métier nouveau pour la fabrication des toiles fines. L'industrie alsacienne toute entière en profita pour produire ses articles de choix, gloire et richesse des manufactures du pays. A l'exposition nationale française de 1844, les toiles de la maison Jourdain obtinrent à Paris une médaille d'argent; une médaille d'or à l'exposition nationale de 1849. De même le jury international attribua une de ses récompenses à Xavier Jourdain lors de l'exposition de Londres en 1851, outre la décoration de la Légion d'honneur accordée par le gouvernement français. En 1855 il obtint également une médaille de première classe à l'exposition universelle de Paris. Pour le fondateur du tissage d'Altkirch, les perfectionnements mécaniques dus à son génie inventif ont ouvert la source d'une fortune considérable. La prospérité de son tissage, dont l'effectif s'est élevé finalement à 750 métiers, l'engagea à acquérir dans l'intervalle des années 1849 à 1860 deux filatures de coton, avec 42,000 broches, situées l'une à Thann, l'autre à Mulhouse. Il eut pendant un certain nombre d'années comme associés dans le premier de ces établissements M. Fritz Kœchlin et dans la deuxième MM. Guth et Hirn, de Mulhouse.

Pour se distraire du travail manufacturier, Jourdain exploita deux fermes d'une contenance de 350 hectares, situées à Altkirch. Ces fermes et le beau domaine du château d'Isenburg, près de Rouffach, constituent une des principales exploitations agricoles et viticoles de l'Alsace. Naturellement leur propriétaire, aux efforts duquel l'industrie manufacturière est redevable d'importants progrès, ne pouvait se résoudre à s'inspirer des usages de la routine commune. Arriver au maximum de rendement possible par une culture intensive, telle fut la règle que notre manufacturier agronome se posa pour l'exploitation de ses terres.

Aucun sacrifice ne lui coûtait, dès qu'un essai pouvait conduire à des améliorations et Jourdain tenait particulièrement à mettre les paysans en mesure de profiter des résultats pratiques acquis par ses expériences. Chaque nouveau concours agricole venait mettre en évidence ces succès par des récompenses multiples.

Arrivé à la fortune par un travail assidu, Xavier Jourdain a tenu à faire participer la société au fruit de ses labeurs. Non content de donner des encouragements continus aux populations agricoles, au milieu desquelles il s'est constitué le promoteur des améliorations dont l'expérience lui avait démontré la valeur, il a attaché son nom à des œuvres de bienfaisance largement dotées. Par testament il a chargé ses héritiers de construire dans sa ville natale à Neuf-Brisach, si cruellement éprouvée depuis la guerre, un hôpital civil, dont une dépendance, dénommée Asile de Bienfaisance Xavier Jourdain, doit recevoir dix membres de sa parenté ou à défaut de ses ouvriers à désigner par un conseil de famille. En 1864, les électeurs du canton d'Altkirch l'ont nommé membre du Conseil général du Haut-Rhin, et, pendant de longues années, il a été président du comice agricole de l'arrondissement de Mulhouse. Comme ancien élève de l'école d'arts et métiers de Châlons, il a légué à cet établisse-

ment d'instruction une rente annuelle de 5000 fr., dont une moitié s'applique à des prix pour les élèves les plus méritants, l'autre moitié à l'admission gratuite de trois jeunes gens pauvres. Et dans une allocution prononcée à cette même école, à l'occasion d'une distribution de prix, l'éminent manufacturier, après avoir exposé aux élèves une règle de conduite, qui résume sa propre vie, conclut ainsi : « Respect de Dieu — Amour de la pa-
« trie — Progrès — Honneur et Travail ! Ces
« excellents préceptes sont la règle de notre con-
« duite ! Ils doivent resserrer entre nous les liens
« affectueux et de bonne entente existant entre
« camarades qui s'honorent et qui, dans leur
« existence de labeur et de difficultés à vaincre,
« savent qu'ils ne doivent pas perdre de vue que
« par les aspirations du juste et de l'honnête
« seulement on peut arriver à jouir du bien-être
« que donne le travail — de l'estime que donne la
« probité — et des honneurs dus au mérite. »

Ch. G.

RÆSS, André

Mgr. André RAESS

Est le 93ᵐᵉ évêque de Strasbourg depuis St-Amand, qui ouvrit au quatrième siècle la série des évêques d'Alsace. Né à Sigolsheim, en 1794, sous le régime de Robespierre, et baptisé secrètement par un prêtre voué à la guillotine, il achève sa longue carrière sous l'âpre souffle du culturkampf. Il fit ses études littéraires à Schlestadt, Nancy et Mayence, au milieu du bruit et de l'éclat du premier empire. A Mayence, pendant qu'il étudiait la théologie sous la direction de Liebermann, son illustre compatriote, il assista à la débâcle de l'empire en se dévouant au soin des blessés et des malades de Leipzig et de Hanau accumulés, au nombre de 30,000, dans les murs de la forteresse. Quelques années plus tard, après la conclusion de la paix, il y fut élevé au sacerdoce en 1816 par l'évêque Colmar, une âme fénelonienne, que Napoléon avait enlevé à Strasbourg, pour en faire le successeur des splendides électeurs primats de l'Allemagne.

Ses études théologiques tirant à leur fin, l'abbé Ræss fut placé comme professeur au petit séminaire de Mayence.

Ce fut en 1818 qu'il débuta comme écrivain, en traduisant un ouvrage de l'abbé Carron. Depuis ce moment, jusqu'en 1840, il ne laissa point passer d'année sans faire paraître un ou plusieurs volumes. Il initiait l'Allemagne, arriérée alors, à la connaissance des œuvres pastorales, d'éloquence sacrée et d'édification, que produisait le clergé français.

De compte à demi avec son ami et collaborateur Weiss, Mgr. Ræss livra au public allemand 86 volumes d'histoire religieuse, auxquels il ajouta, il y a quelques années, les treize volumes de sa grande œuvre des « Convertis », consacrée à l'histoire des conversions au catholicisme.

Une œuvre littéraire plus originale et qui eut grand succès, ce fut le *Katholik*, revue théologique et polémique, pleine de sel, d'entrain et de bonne doctrine. Cette publication continue de paraître, soixante ans après sa fondation.

Mgr. Ræss, en vaillant polémiste, attira sur son œuvre l'attention peu bienveillante de la police, et sur sa personne l'estime et l'affection de tout ce que l'Allemagne catholique avait d'hommes marquants. Lorsqu'en 1828 le Pape voulut élever le jeune et courageux professeur sur le siège épiscopal de Mayence, le gouvernement hessois s'y opposa de la manière la plus absolue. Par suite, l'évêque de Strasbourg, Mgr de Trévern, confia en 1831, la direction de son grand séminaire à cet Alsacien qui semblait rivé à l'Allemagne. Dix années plus tard, il lui fut donné comme coadjuteur ; il lui succéda en 1842 sur le siège de Saint-Amand, où il est resté pendant près de quarante ans jusqu'après l'avénement du maréchal de Manteuffel comme Statthalter de l'Alsace-Lorraine.

Pendant sa longue administration il déploya une activité infatigable. Il gouverna par lui-même ce vaste diocèse de Strasbourg, avec ses 781,000 catholiques. Conduire sa barque par un temps si riche en tempêtes n'est pas chose facile. Il faut être de son temps et marcher avec les évènements, disent les uns. Il faut avoir des principes, disent les autres. Au milieu de vicissitudes bien diverses Mgr Ræss dut vivre et administrer sous le régime du roi bourgeois ; il eut à compter avec la république de 1848. Il put s'accommoder des agissements de Napoléon III. En 1859 il fut seul, avec l'évêque de Nîmes, à ne pas applaudir à la guerre d'Italie. Il la déconseilla formellement, de concert avec le préfet et le général qui commandait en Alsace en ce temps-là. En revenant du concile du Vatican, où il joua un rôle considérable, il ne pressentait pas la guerre de 1870. Elle éclata comme une bombe. Pendant le siège de Strasbourg, en plein bombardement, condamné à se cantonner dans son palais, où les obus venaient le chercher, il reprit avec acharnement ses travaux littéraires.

Quand la population aux abois eut besoin d'un parlementaire, il se présenta seul aux avant-postes allemands, pour demander un traitement moins inhumain pour ce pauvre Strasbourg. Ce fut peine perdue. La guerre a des horreurs ou des nécessités contre lesquelles les dévouements les plus héroïques ne peuvent rien. Aussi avons-nous dû voir les projectiles allemands pleuvoir sur notre belle cathédrale et allumer la bibliothèque de la ville sans trêve ni merci, par ordre du général de Werder, un de nos voisins du pays de Bade. Après la reddition de Strasbourg et l'annexion de l'Alsace à l'Empire allemand, lorsque la population du territoire conquis dut envoyer ses députés au Reichstag, Mgr Ræss fut élu en 1874 pour représenter dans cette assemblée la circonscription de Schlestadt. Depuis, bien des fois, ses amis se sont dit: Si l'évêque de Strasbourg fût mort pendant le siège, avec l'auréole que son courage lui avait donnée, quelle fin glorieuse d'une longue carrière bien remplie!

L'administration du diocèse étant devenue difficile à suivre pour lui, Mgr Ræss obtint en 1881 le concours d'un coadjuteur, qui a pris sur lui ses charges épiscopales. Arrivé à l'âge de quatre-vingt-onze ans, il vit maintenant retiré au château de

Sigolsheim, dans son lieu natal. Après une laborieuse carrière, aussi longue que bien remplie, ses visiteurs l'entendent encore rechercher dans sa mémoire les gaies anectodes et les bons mots d'autrefois.

J. G.

ANT. MEYER, PHOTOG. COLMAR   DÉPOSÉ

DOLLFUS, Auguste

Auguste DOLLFUS

MANUFACTURIER, président de la Société industrielle, est né à Mulhouse, le 12 avril 1832. Il fit ses études au collège de sa ville natale. Bachelier ès-lettres à seize ans, il suivit, à Sainte-Barbe, les cours de sciences. Au lieu d'entrer à l'Ecole polytechnique, comme il se l'était proposé d'abord, il passa son baccalauréat ès-sciences mathématiques et revint à Mulhouse où, fidèle aux traditions de sa famille, il chercha sa carrière dans l'industrie. En 1854, il entra comme volontaire chez MM. N. Schlumberger et Cie à Guebwiller, où il se familiarisa avec les applications de la mécanique à la filature.

A vingt-quatre ans, il s'associa avec M. Mantz et construisit le vaste établissement qu'il gère encore aujourd'hui.

Les affaires n'absorbèrent pas ses loisirs au point de le détourner de tout autre emploi. Fidèle à cette loi de solidarité qui est entrée si avant dans les mœurs des vieilles familles patriciennes de Mulhouse, M. Aug. Dollfus ne se déroba à aucun des devoirs que le souci de la chose commune impose. Dès son retour, la Société industrielle le compta parmi ses membres. Le 28 novembre 1855, il y fit sa première communication, au nom du comité de mécanique; il brilla bientôt au premier rang des jeunes hommes appelés à continuer l'œuvre de leurs pères. En 1862, il fut adjoint au secrétaire, qu'il remplaça l'année suivante et, en 1864, il fut élu président. Ces fonctions qui avaient déjà été remplies avec une grande distinction par son père, Emile Dollfus, et par son cousin, Daniel Dollfus fils, devenaient ainsi en quelque sorte héréditaires dans sa famille.

Au moment même où M. Aug. Dollfus prenait possession du fauteuil, son parent, feu M. Fr. Engel-Dollfus, débutait dans ce rôle d'initiateur qui a tant élargi les attributions de la Société industrielle. Dès l'origine, il put compter sur le concours du nouveau président. Il y avait une affinité visible entre ces deux hommes si bien faits pour se comprendre; elle se retrouve jusque dans leur commune répugnance pour la vie publique. M. Aug. Dollfus a constamment refusé tout mandat politique, se jugeant incompétent et « estimant, selon ses propres expressions, qu'on ne doit faire que ce qu'on sent pouvoir bien faire. »

Par contre il accepta de siéger, en 1864, au conseil d'hygiène, en 1865, au conseil municipal. En 1867, il fit l'office de secrétaire du comité départemental de l'exposition universelle. En 1869, comme président du syndicat cotonnier de l'Est, il prit part à la campagne contre les traités de commerce, et la déposition qu'il fit à Paris, devant la commission d'enquête, est un des meilleurs documents à consulter sur la situation de l'industrie à cette époque.

Pendant la guerre, M. Aug. Dollfus ne songea pas à se dérober aux nouveaux devoirs que les événements lui suscitaient: il fit partie de la commission municipale exécutive et présida le comité de secours aux blessés. Le gouvernement de M. Thiers reconnut les derniers services qu'il rendit à la France, en le décorant de la Légion d'honneur. Quand, après l'annexion, il fallut pourvoir aux intérêts de l'industrie alsacienne subitement privée de ses débouchés, il fut, comme président de la commission de défense, à la tête des hommes dévoués à qui cette source principale de notre richesse dut alors son salut.

Ce qui s'est passé depuis, n'encouragea pas

M. Aug. Dollfus à se départir de sa règle d'abstention en politique. Il conserva néanmoins son mandat comme conseiller municipal. Personne n'a oublié le rapport qu'il fit, en cette qualité, sur la distribution d'eau dont Mulhouse vient d'être doté. Mais ce sont surtout les matières d'enseignement dont il a fait son domaine. Les services qu'il rend comme président de la commission des écoles, l'ont fait appeler successivement à la délégation départementale et au conseil supérieur de l'instruction publique d'Alsace-Lorraine.

Avant tout, il est resté l'incomparable président de la Société industrielle. Que d'institutions il a contribué à fonder ou à développer, depuis les écoles de dessin, de chimie, de filature, de gravure, jusqu'aux musées des beaux-arts et de dessin industriel, jusqu'au musée technologique en voie de formation! Si, pour abriter ses splendides collections, Mulhouse possède enfin un bâtiment digne de lui, après M. Engel, c'est à M. Aug. Dollfus qu'il le doit.

Depuis sa présidence, la Société industrielle a décidé de publier tous les dix ans la statistique des établissements d'intérêt privé fonctionnant dans le département. Ce n'est pas d'hier qu'on a reconnu à Mulhouse l'avantage de revenir en arrière et de mesurer, dans toutes les branches, le chemin successivement parcouru. Rien ne facilite mieux cette révision que les inventaires dont on jalonne le passé. Les notes statistiques sur les industries du Haut-Rhin et du Bas-Rhin, communiquées par M. Aug. Dollfus à la Société industrielle, en 1872 et en 1873, s'inspirent évidemment de cette préoccupation, de même que l'historique de la construction du nouveau musée dont il a fait naguère l'objet d'un rapport. Ajoutons encore qu'il est l'auteur des tableaux généalogiques des familles Dollfus et Kœchlin, publiés en 1880 et 1881.

En 1876, la Société industrielle célébra le cinquantième anniversaire de sa fondation. Elle offrit alors à son président une coupe en argent, comme témoignage de sa gratitude. Après son discours d'apparat, M. Aug. Dollfus porta, dans la soirée, un toast où il fit la commémoration de l'un des fondateurs de l'association, Daniel Dollfus-Ausset. Aux yeux de ce vétéran de l'industrie, l'heureux succès de l'œuvre de la Société industrielle tenait à l'esprit d'initiative que les anciennes institutions municipales, libres et républicaines, avaient développé à Mulhouse. C'est en restant fidèle à cet esprit, qui seul, disait l'orateur, donne véritablement la vie, en fortifiant l'indépendance du jugement, en rompant avec la routine, en empêchant l'intelligence d'abdiquer, qu'on ne laissera pas distancer ni péricliter l'industrie, et qu'on gardera son rang. « Mais, ajoutait-il, cet esprit d'initiative suffit-il? La tendance vers des progrès nouveaux doit-elle être notre seul but? Non, Messieurs, il faut encore conserver les progrès acquis; il faut mettre à les consolider autant d'ardeur qu'à en chercher de nouveaux. Vous partagerez tous cet avis, j'en suis certain et vous trouverez légitime qu'à cette aspiration vers le progrès, qu'à cette devise: *En avant!* que nous recommandait Daniel Dollfus, nous en ajoutions une autre non moins nécessaire: *Nous maintiendrons.* »

Ce mot d'ordre, la Société industrielle l'a compris. A l'occasion on le lui rappelle. Heureuses les sociétés et les cités qui comptent de tels hommes à leur tête! Si, exception unique parmi les grandes communes d'Alsace-Lorraine, Mulhouse est resté debout, sans être entamé par le nouveau régime auquel il est soumis, c'est à eux qu'il le doit.

X. Mossmann.

ANT. MEYER, PHOTOG. COLMAR   DÉPOSÉ

HUGOT, Louis-Philippe

HUGOT, Louis-Philippe

BIBLIOTHÉCAIRE-ARCHIVISTE de la ville de Colmar, naquit le 26 août 1805, à Strasbourg, où son père était percepteur des contributions directes. Après avoir achevé ses études au collège de sa ville natale, il partit pour Paris, où il commença son droit et entra chez un notaire. Mais là n'était pas sa voie. Il déserta bientôt les Institutes et les Pandectes, et se fit admettre à l'École des Chartes. Il y reçut, sous la direction de MM. Guérard et Champollion-Figeac, la forte instruction de ce savant établissement. Il revint à Strasbourg en 1831, avec le titre d'archiviste-bibliographe, et pendant quatre ans, fouillant tour à tour la bibliothèque et les archives, il s'initia à la pratique de la diplomatique alsacienne. Grâce aux relations que sa mère avait conservées avec le roi Louis-Philippe, dont elle était la filleule, il obtint ensuite une place d'archiviste aux archives de la Couronne.

En 1837, le Conseil municipal de la ville de Colmar ayant décidé la réorganisation du service des archives, Hugot fut, par arrêté du 7 novembre 1837, nommé aux fonctions d'archiviste de la ville, qu'il remplit pendant 27 ans. Plus tard, il y joignit celles de bibliothécaire. De ce jour commença pour Hugot une existence des plus actives. En 1839, il prit part à la fondation d'une *Société littéraire* qui avait pour but l'acquisition et la jouissance commune des principales publications de la France et de l'étranger, et des lectures publiques sur des sujets littéraires et scientifiques. En 1847, il créa seul la société Schœngauer. Nul plus que Hugot n'a contribué aux premiers progrès du musée et à son installation dans l'ancien couvent des Unterlinden. Il avait, dès l'année 1845, adressé à l'administration une brochure sur les avantages pouvant résulter de la création d'une collection publique d'estampes ; cette brochure, répandue à un grand nombre d'exemplaires, fut suivie d'articles publiés dans les feuilles locales sur le même sujet. Bientôt le projet prit plus de développement, et il aboutit enfin au musée tel qu'il existe aujourd'hui. Sans doute, pour l'accomplissement de son œuvre, Hugot rencontra dans toutes les classes de la société, le concours le plus empressé ; l'autorité municipale, le conseil général, le ministère, contribuèrent puissamment à la réussite de l'entreprise, mais que de choses Hugot dut faire par lui-même ! Qui saura jamais tous les sacrifices que lui a causés le musée, la correspondance qu'il entretenait partout, les démarches dont rien ne le rebutait ?

A la bibliothèque, ses travaux n'ont été ni moins nombreux, ni moins importants. Sous son administration, plus de 6000 ouvrages nouveaux, près de 10.000 médailles, jetons, méreaux, sont venus enrichir les collections déjà existantes ; des collections ethnographique, d'antiquités gallo-romaines, celtiques, etc., ont été créées. La bibliothèque et le musée, pendant que Hugot en resta le conservateur, furent visités par de nombreux savants, parmi lesquels MM. de Quandt, Bœhmer, Pertz, W. Wackernagel, le cardinal Pitra, Waagen. On peut dire que la ville de Colmar était dignement représentée auprès de ces illustres nationaux ou étrangers, par son bibliothécaire qui, s'il ne les égalait pas dans la sphère spéciale où chacun d'eux occupait un rang si éminent, était cependant à leur hauteur par la variété et l'étendue des connaissances générales.

Les travaux de Hugot ont été considérables. Peut-être même ont-ils été trop nombreux, peut-être eut-il mieux valu qu'il concentrât les lumières de sa vive intelligence, les ressources de sa profonde et vaste érudition sur quelques sujets d'étude qu'il eût épuisés et auxquels son nom fût resté attaché. Les manuscrits qu'il a laissés comprenaient des notes bibliographiques sur une variété infinie d'objets : mœurs, coutumes, monnaies, architecture, armes, guerres publiques ou privées ; — d'un commencement de code diplomatique de la Décapole d'Alsace: — d'un glossaire de l'idiome de la Haute et Basse-Alsace pendant les XIIIe, XIVe et XVe siècles; — des éléments d'un travail sur la topographie de Colmar au XIVe siècle; — de recherches sur l'iconographie des saints, etc., etc.

En 1862, le mal qui devait enlever Hugot, lui fit sentir ses premières atteintes. L'année suivante, il dut abandonner ses travaux et aller demander à un frère tendrement aimé, et à l'un de ses amis, professeur à la Faculté de médecine de Strasbourg, les soins que réclamait son état. A la suite d'une complication du mal redoutable dont il était affecté, il fut atteint subitement d'une méningite aiguë, et mourut, à Strasbourg, le 7 juin 1864.

Lorsque M. Bartholdi éleva une statue à la mémoire de Martin Schœngauer, dans le préau des Unterlinden, il n'oublia pas Hugot, et se fut justice s'il prêta ses traits à la figure qui personnifie l'étude, à l'un des angles du monument. B.

ANT. MEYER, PHOTOG. COLMAR   DÉPOSÉ

REUSS, Edouard-Guillaume-Eugène

REUSS
ÉDOUARD-GUILLAUME-EUGÈNE

Est né à Strasbourg, le 18 juillet 1804. Son père, qui était négociant, lui fit faire ses études au gymnase protestant, d'où il passa à la Faculté de théologie et au séminaire protestant. Frappé des dispositions peu communes de son fils, il n'hésita pas à l'envoyer compléter son instruction au loin. M. Reuss alla d'abord à Gœttingue où il suivit les cours de l'Université, puis à Halle où il devint l'élève du célèbre hébraïsant Gesenius. De là, il revint en France, et se rendit à Paris. Pendant le séjour qu'il y fit, il s'appliqua spécialement à l'étude des langues orientales, sous la direction de M. Silvestre de Sacy, et d'autres professeurs non moins illustres.

A son retour à Strasbourg, M. Reuss fut nommé agrégé libre au séminaire protestant. C'était en 1828. L'année suivante, il fut reçu licencié en théologie. En 1836, il devint professeur au Séminaire; en 1838, professeur à la Faculté de théologie, où il continue aujourd'hui encore son enseignement. De 1859 à 1865, il remplit en outre les fonctions de Directeur du gymnase.

L'œuvre de M. Reuss se fait remarquer non moins par ses proportions, que par l'influence qu'elle a exercée sur le cours des études théologiques de notre temps. Après avoir préludé à ses grandes publications par diverses thèses universitaires, par des mémoires académiques et par d'autres productions du même genre, il fit paraître en 1842 son *Histoire des écrits du Nouveau Testament* (Geschichte der heiligen Schriften Neuen Testaments, Halle, 1842, in-8°). C'est un ouvrage capital dans l'histoire de l'exégèse allemande, et il valut à son auteur le titre de docteur en théologie *honoris causâ*, que lui décerna la Faculté de théologie de Iéna. Le livre a eu cinq éditions, dont la dernière a vu le jour à Brunswick, en 1874. L'*histoire de la théologie chrétienne au siècle apostolique*, qui parut à Strasbourg en 1852 (2 vol. in-8°) fait époque pour la théologie protestante française. Une troisième et dernière édition en a été publiée en 1864. De 1862, date l'*Histoire du canon des Saintes-Ecritures dans l'Eglise chrétienne* (Strasbourg, 1 vol. in-8°) dont une deuxième édition parut en 1864. La *Bibliotheca Novi Testamenti græci*, imprimée à Brunswick en 1872, comprend une bibliographie raisonnée de toutes les éditions du Nouveau Testament dans le texte original, et l'histoire de la constitution du *textus receptus* ordinaire. De 1874 à 1881, M. Reuss a donné sa *Bible, traduction nouvelle avec introduction et commentaires* (Paris, G. Fischbacher). Cette œuvre magistrale, qui ne comprend pas moins de dix-sept volumes in-8°, est le fruit de longues années de travail. A la même époque, l'auteur acheva son second grand ouvrage en langue allemande. L'*histoire des écrits de l'Ancien Testament* (Geschichte der heiligen Schriften Alten Testaments, Braunschweig, in-8°, 1881) parut comme pendant à l'histoire des écrits du Nouveau Testament, publiée en 1842; les idées nouvelles qu'elle renferme sur la formation de la littérature israélite et le développement historique du peuple juif ont sensiblement modifié les opinions admises jusque-là.

En 1863, M. Reuss avait entrepris avec deux de ses anciens élèves, devenus ses collègues et ses amis, MM. Baum et Cunitz, la publication des *Œuvres complètes* de Calvin, dans le *Corpus Reformato-*

rum qui s'imprime à Brunswick. Ce travail immense en est aujourd'hui à son vingt-neuvième volume in-4°. Les volumes qui donnent la *Correspondance*, en grande partie inédite, du grand Réformateur, sont tout particulièrement intéressants pour l'histoire du XVIe siècle. En 1878, M. Reuss réunit en un volume (*Reden an Theologie studirende*, Leipzig, in-8°) les discours prononcés par lui à la *Société théologique*, qu'il avait fondée en 1828, et qui subsiste encore aujourd'hui.

M. Reuss a collaboré à une foule de revues et d'encyclopédies théologiques. La *Revue de théologie* de Strasbourg, dirigée par MM. Edmond Scherer et Colani, ses élèves, et dont il fut l'un des fondateurs, contient de nombreuses études dues à sa plume. On peut citer parmi les plus remarquables, des « Fragments littéraires et critiques sur l'histoire de la Bible française » (1857-1867), des « Etudes sur les évangiles synoptiques » etc. Lui-même a publié, avec le concours de M. Cunitz, les *Strasburger Beiträge zu den theologischen Wissenschaften*. (Iéna, 1847-1855, 6 volumes in-8°.)

Les honneurs n'ont pas manqué à cet homme éminent. En 1862, il fut décoré de la légion d'honneur. Deux ans plus tard, il entra au Consistoire supérieur de l'Eglise de la Confession d'Augsbourg. Il est membre du Conseil d'Etat d'Alsace-Lorraine depuis 1882. On n'a pas oublié l'éclat avec lequel fut célébré, le 31 juillet 1879, le cinquantième anniversaire de son entrée dans la carrière académique. Cette solennité réunit autour du vénérable professeur de nombreux représentants, et des plus autorisés, de l'église d'Alsace, des théologiens protestants de France, de Suisse, de Hollande, de Suède, etc. A cette occasion, M. Reuss fut nommé commandeur de l'ordre de la Couronne.

ROTHAN, Gustave

GUSTAVE ROTHAN

ANCIEN ministre plénipotentiaire, ancien membre du Conseil général du Bas-Rhin, est né à Strasbourg, le 23 mars 1822. Il fit son droit à Paris, avec la pensée d'entrer dans la magistrature. Il allait soutenir sa thèse de doctorat, lorsqu'un concours de circonstances extérieures, et aussi, sans doute, le sentiment secret de sa vocation véritable, le détournèrent de son premier dessein, et le firent entrer dans la diplomatie. Il débuta en 1847, en qualité d'attaché à la légation de France auprès de la Cour de Hesse, sous les auspices du duc de Bassano, *dont l'affection est restée*, comme il dit lui-même, *l'honneur et le charme de sa vie, à travers toutes les vicissitudes de la politique.*

Nommé chargé d'affaires auprès de l'électeur de Hesse, par M. de Lamartine, après le rappel de M. de Bassano, M. Rothan retraça, dans sa correspondance avec le département des affaires étrangères, les événements provoqués en Allemagne par la révolution de février. Au commencement de 1849, il assista, à Francfort, où il remplissait les fonctions de troisième secrétaire, à l'agonie du nouveau Parlement allemand. C'est à Berlin, où il passait deuxième secrétaire, en 1852, qu'il fut initié aux grandes affaires, et qu'il eut occasion d'étudier les tendances de la Cour de Prusse et de ses hommes d'Etat. Il eut les rapports les plus courtois avec M. de Bismarck : il appréciait l'homme, son esprit et son entrain ; mais déjà il se méfiait de sa politique, il pressentait qu'il serait fatal à la France.

M. Rothan était premier secrétaire à Bruxelles, à l'heure où la politique impériale laissait s'accomplir, au centre de l'Europe, de menaçantes transformations. La Diète venait d'être dissoute; il importait d'avoir, sur la ligne du Mein, qui, d'après les stipulations du traité de Prague, devait séparer l'Allemagne du Nord de celle du midi, un agent éclairé et vigilant. L'Empereur se souvint de M. Rothan. Il le nomma consul-général à Francfort. Ce fut une heureuse inspiration : car jamais gardien des intérêts d'un grand pays ne s'acquitta de ses devoirs avec un zèle, on pourrait dire avec une *passion* plus vigilante, plus clairvoyante, plus consciencieuse, plus infatigable. Dès son retour en Allemagne, M. Rothan sut démêler les arrière-pensées du cabinet de Berlin et mesurer le danger qui menaçait la France. A peine avait-il pris possession de son poste qu'il révélait à son gouvernement l'existence des traités secrets d'alliance offensive et défensive que M. de Bismarck avait imposés aux Etats du midi de l'Allemagne. Il multipliait ses admirables dépêches, pleines d'informations et d'avertissements. C'est en suivant le programme qu'il traçait à M. de Moustier, en 1867, (voir l'*Affaire du Luxembourg*, p. 253), que le gouvernement de l'Empereur échappa aux pièges qui lui étaient tendus par la Prusse. Sans les efforts incessants du consul-général, et les démarches qu'il fit personnellement à Paris, où il courut sans congé pour conjurer le Souverain et son ministre de se prémunir, la France n'eût pas échappé à l'invasion, au mois d'avril 1867, lors de l'affaire du Luxembourg.

L'Empereur reconnut ces services en conférant à M. Rothan la croix de commandeur de la Légion d'honneur. Au mois de juillet 1868, il le nomma ministre auprès des villes anséatiques et des cours de Brunswick, d'Oldenbourg et des deux Mecklenbourg. On connaît ses dépêches, datées de Hambourg, si remarquables par la vigoureuse précision des renseignements et par leurs prévisions, en quelque sorte *prophétiques*.

Le 4 septembre 1870, après l'envahissement du Corps législatif, il courut aux Tuileries supplier l'Impératrice de ne plus songer qu'à son salut personnel. Quelques jours après, il quitta Paris, où il n'avait pas de domicile, et, à peine installé auprès de sa famille à Morges, il adressa spontanément et journellement au gouvernement de la défense nationale des rapports sur l'Allemagne et sur les sentiments de l'Europe. Nommé à son insu, dans les derniers jours de décembre, ministre à Florence, il sauvegarda les intérêts de la France, en arrêtant la flotte italienne, qui allait partir pour Tunis ; il amena le cabinet de Florence à réagir contre les tendances séparatistes qui se manifestaient à Nice ; il préserva contre toute atteinte les établissements religieux de France à Rome, et réussit à faire introduire dans la loi des garanties assurées au Pape, les plus sages tempéraments.

M. Rothan vit dans la retraite depuis 1871. Des ministres patriotes, tels que Gambetta et Duclerc, lui ont demandé de prendre en main la direction politique du ministère des affaires étrangères. Il a décliné ces offres, étant d'avis que « qui borne sa « carrière a souci de son renom » et la retraite de M. Rothan est encore féconde et patriotique. Il est membre de la *Société de protection des Alsaciens-Lorrains* et de la *Société philanthropique ;* et il contribue, avec ses tableaux et son expérience en matière d'art, à assurer à ces deux œuvres des ressources, en organisant à leur profit des expositions largement productives. Sa tâche d'écrivain n'est d'ailleurs pas terminée. Il lui reste à faire connaître les rapports de la France et de la Prusse, de 1867 à 1870, c'est-à-dire depuis l'affaire du Luxembourg jusqu'à la guerre. C'est en Alsace, dans la vallée de Munster, dans une propriété qui appartenait jadis aux Schœpflin, dont Voltaire a été l'hôte pendant toute une année, que M. Rothan écrit, dans une langue qu'on dirait inspirée par l'auteur du siècle de Louis XIV, tant elle est claire et élégante, l'histoire poignante du drame dont la question danoise a été le prologue, et la guerre de 1870 le dénoûment. Il est des habitations prédestinées ! Aussi accueillons-nous volontiers, comme expression du sentiment public et comme pressentiments de l'avenir, les voix qui prédisent, après l'achèvement de la grande œuvre de M. Rothan, l'entrée de l'Académie française à l'auteur de ces études, aussi éminentes par l'esprit politique que par leur valeur littéraire.

G. ROHR.

ANT. MEYER, PHOTOG. COLMAR   DÉPOSÉ

BRAUN, Adolphe

Adolphe BRAUN

ARTISTE photographe, fondateur de la grande maison de photographie de Dornach, est né à Besançon, d'une famille alsacienne, le 1ᵉʳ juin 1811, et mort à Dornach, près Mulhouse, le 31 décembre 1877. Ses œuvres ont une réputation universelle et sont répandues dans le monde entier. Après avoir relevé les plus beaux sites de l'Europe pour des planches de grand format, il s'est voué particulièrement à propager les chefs-d'œuvre de la peinture et de l'architecture, à composer une sorte de musée en portefeuille, image et résumé de tous les musées du monde, renfermant entre autres les dessins des grands maîtres disséminés dans les collections publiques de l'Europe. Sans équivalent nulle part ailleurs, les ateliers de photographie du grand établissement de Dornach n'occupent pas moins de cent ouvriers pour le tirage au moyen de machines à vapeur des épreuves de cent mille clichés conservés dans ses dépôts, à côté d'un laboratoire spécial de chimie et d'ateliers accessoires pour la préparation des matières employées pour la photographie.

L'art photographique doit à Adolphe Braun de nombreux perfectionnements. Par ses travaux et par ses recherches propres, autant que par l'application immédiate dans ses ateliers de toutes les découvertes de la science dans ce domaine, il s'est montré en véritable initiateur. Ce qui assure à ses œuvres une supériorité reconnue partout, c'est leur valeur éminemment artistique. Portraits, paysages, dessins, tableaux, monuments, tout a été exécuté chez lui avec une égale perfection. Il a composé des bouquets de fleurs d'une délicatesse exquise, coloriés au moyen de teintes mises à l'envers, et dont les dessinateurs des grandes fabriques d'impression sur étoffe ont tiré des applications d'un grand profit pour leur industrie. Parmi ses collections de vues, de paysages et de monuments, le magnifique recueil de l'*Alsace photographiée*, composé de planches de grand format, a été longtemps unique dans son genre.

Pour son recueil des œuvres des grands maîtres de toutes les écoles de peintures de l'Europe, il lui a fallu envoyer ses collaborateurs chercher des clichés dans les musées des différents pays, à Rome, à Naples, à Florence, à Bologne, à Venise, à Milan, à Vienne, à Berlin, à Dresde, à Weimar, à Londres, à Bruxelles, à la Haye, à Amsterdam, à Madrid. Ses négatifs rapportés de Rome, des loges et des chambres de Raphaël sont admirables. Dans la galerie des offices à Florence, les opérateurs dressés par Braun n'ont pas fait moins de 1027 clichés. Ils en ont pris 1100 dans l'Albertina de Vienne, 323 à l'Académie de Venise, 510 au Musée de Dresde, 152 dans la galerie du duc de Saxe-Weimar et ainsi de suite pour toutes les collections des principales villes d'Europe. A Paris, dans le Louvre, ils ont photographié environ mille dessins de toutes les écoles également, rendant ainsi impérissables ces feuilles volantes si sujettes à périr. Grâce à lui, ces autographes des maîtres sont entrés dans le domaine public, à la disposition de tous les artistes jaloux de ne pas rompre avec les hautes traditions. Accessibles à bas prix, ces reproductions photographiques ont fait la joie des amateurs possédés du sentiment des belles choses et dont le suprême bonheur est d'avoir ces merveilles.

Un juge compétent, M. Charles Blanc, l'historien des peintres célèbres, dit dans une notice sur Adolphe Braun publiée dans l'*Illustration* du 26 janvier 1878 : « C'est un service inappréciable rendu aux beaux-arts que d'avoir reproduit avec une irréprochable exactitude, avec une fidélité criante tant de beaux dessins qui sont comme les familières confidences du génie, ces dessins que nos pères appelaient si bien les premières pensées des grands artistes. Quelle leçon pour un sculpteur, pour un peintre ! Quel présent lui faire qui soit plus précieux que celui-là ? car il n'y a pas la moindre différence entre les originaux et les photographies de Braun qui les reproduisent, et l'on peut dire que la ressemblance va ici jusqu'à l'identité. Non seulement le dessin se reporte sur le collodion avec ses clairs, ses ombres et ses demi-teintes, avec ses contours hésitants ou résolus, avec ses audaces, ses reprises, ses repentirs ; mais on retrouve, à l'impression la couleur même et la contexture du papier, le caractère propre de l'instrument dont le dessinateur s'est servi. Si le dessin est un lavis, la photographie rend à merveille les couches d'encre, de sépia ou de bistre. S'il est tracé à la plume, vous avez sous les yeux tous les traits, gros ou fins, par lesquels s'est manifestée la pensée du maître et qui révèlent son sentiment de la forme, tantôt préconçue vaguement, tantôt modelée de mémoire, de pratique en vue d'une peinture projetée ou d'une statue future, tantôt modelée sur le vif avec une attention patiente et pieuse, avec amour. Si le dessin est crayonné, le papier de l'épreuve conservera, jusque dans le menu, le gras de la pierre noire, son grain et sa friabilité, ses taches et ses parties estampées, et les traits du crayon aux endroits où le peintre l'a écrasé du bout de ses doigts. »

Telle est l'œuvre photographique d'Adolphe Braun appliquée à répandre les ouvrages cachés souvent dans un coin obscur, à multiplier des chefs d'œuvres dont l'exemplaire est unique, à détruire le privilège de la fortune en faisant entrer chez l'amateur modeste et le plus pauvre artiste les dessins sublimes de Michel-Ange, de Léonard de Vinci, de Rembrandt, les augustes études de Raphaël, les écritures si pénétrantes d'Albert Durer et de Holbein, les brillants lavis ou les crayons frémissants d'un Rubens. Suivant le jugement d'un critique ingénieux, quand même Braun n'aurait pas rendu d'autre service que d'avoir travaillé plus que personne à la propagation de tant de merveilles, ce serait assez pour qu'il eut bien mérité de l'esthétique et d'inscrire son nom à côté de ceux des artistes dont l'Alsace s'honore le plus. Le monde artistique en déplorant sa perte a du moins la consolation de voir sa succession entre les mains d'un fils digne continuateur de son œuvre.

Ch. Grad

ANT. MEYER, PHOTOG. COLMAR   DÉPOSÉ

CONRAD, Alfred, Amiral

CONRAD, Alfred

VICE-AMIRAL, est né à Strasbourg, le 14 août 1824. Le colonel Conrad, tombé sur le champ d'honneur en 1837, à la tête de la Légion étrangère qu'il commandait, était son père. L'amiral Bruat était son oncle.

Le vaillant marin dont nous esquissons la vie entra au service en 1840. Nommé aspirant de deuxième classe le 1er septembre 1842, il débuta dans les mers du Sud, à bord de la *Charte*, et prit part aux combats qui assurèrent à la France le protectorat des Iles de la Société. Enseigne de vaisseau le 1er novembre 1846, il fit campagne sur les vaisseaux le *Neptune*, l'*Iéna*, le brig l'*Agile*, la frégate l'*Eldorado*, et assista aux combats de la Cazamance (Sénégal) en 1851. Le 2 décembre de l'année suivante, il devint lieutenant de vaisseau. Il combattit en Crimée à bord du *Prométhée*, puis du *Cassini*, et plus tard, dans la guerre d'Italie, à bord de l'*Algésiras*. En 1861, on le retrouve officier de manœuvre sur le trois-ponts le *Louis XIV*: il acquit dans ces difficiles fonctions la réputation d'un manœuvrier hardi et d'un officier canonnier hors ligne. L'expédition du Mexique le vit capitaine de la canonnière la *Tourmente;* il occupa et gouverna Minatillan, ensuite Tabasco et Carmen.

Conrad fut promu au grade de capitaine de frégate le 9 mai 1863. Il était chevalier de la Légion d'honneur depuis la guerre d'Italie.

A son retour il reçut le commandement du *Dupleix* et partit pour la Chine et le Japon, où il exerça par intérim le commandement de la Division navale (1864-1866). Le 5 mars 1866, il fut nommé officier de la Légion d'honneur. Après cette campagne, il prit dans l'escadre d'évolution le commandement en second de la *Provence* et de la *Magnanime*, puis commanda le cuirassé la *Gloire*. Le 12 mars 1870 il était capitaine de vaisseau.

Quand fut déclarée la guerre de 1870, il remplit les fonctions de major de la flotte à Cherbourg, les quitta pendant quelques mois pour commander le cuirassé *Jeanne d'Arc*, les reprit et les garda jusqu'en 1873, époque où il reçut le commandement de la *Thetis*, avec laquelle il rejoignit l'escadre d'évolution dans la Méditerranée. Détaché sur les côtes d'Espagne, il assista au siége de Carthagène, et parvint par son action sur le général Contreras, qui commandait les insurgés, à sauver Valence de l'attaque que les Cantonalistes allaient diriger contre cette riche cité. De 1875 à 1877, Conrad conserva sous ses ordres la *Vénus*, à la Division de l'Atlantique sud, et eut à diriger une expédition contre les Noirs de Landana, au nord du Congo. Cette campagne lui valut le grade de commandeur de la Légion d'honneur et un siége au Conseil de l'Amirauté, qu'il occupa jusqu'au 1er octobre 1879. Ce fut à cette date que le grade de contre-amiral vint couronner les services rendus jusque-là par notre glorieux compatriote à sa patrie.

Il fut alors envoyé comme major général à Cherbourg et ne quitta ce poste que pour arborer, à bord du cuirassé le *La Galissonnière*, son pavillon de commandant en chef de la Division navale du Levant. A peine était-il entré dans les eaux de la Méditerranée, qu'il fut dirigé sur les côtes de la Tunisie. Le 26 avril, il fit bombarder et occuper Tabarka, pendant que l'armée franchissait la frontière de la Kroumirie. Le 1er mai, il occupa Bizerte et obligea par là le Bey à signer, le 12 mai, le traité qui devait consacrer le protectorat de la France sur la Régence. Toujours infatigable, il profita de l'accalmie que le règlement de cette importante affaire avait apportée dans nos affaires de Tunisie, pour se rendre en Grèce. Mais il ne tarda pas à en revenir et se présenta devant Sfax, où une formidable insurrection venait d'éclater contre le Bey et la France. Le 16 juillet 1881, il donna, avec le concours de l'escadre d'évolution, l'assaut à Sfax, et cette place forte fut enlevée brillamment, malgré une résistance acharnée des dissidents, commandés par Ali-ben-Kalifa. Le 24, la marine, avec ses seuls moyens, enleva Gabès, et le 28 la Division navale du Levant prit de même possession de Djerbah. L'insurrection était vaincue, et quand le général Saussier marcha sur la ville sainte, Kaïrouan, puis sur Gafsa, les débris de l'armée insurrectionnelle se réfugièrent en Tripolitaine. Pendant cette marche de l'armée de terre, l'amiral Conrad fit occuper par ses navires Hamamet, Sousse, Mehedia, puis Zarzis. La Tunisie était complètement soumise à la France, Dans le cours de cette année, notre compatriote réunit sous son commandement trente-deux bâtiments de guerre de tous rangs.

Cependant les événements qui se préparaient à l'autre bout du bassin de la Méditerranée appelèrent bientôt l'attention de Conrad sur l'Egypte. L'insurrection militaire dirigée par Arabi compromettait la situation et même l'existence des colonies européennes si nombreuses dans ce pays. Le gouvernement de la République donna l'ordre à Conrad de rejoindre en Crète la flotte anglaise, et de faire avec trois navires de chacune des nations étrangères une démonstration navale à Alexandrie. Ces forces étaient insuffisantes; elles excitèrent le fanatisme des Arabistes, qui jugèrent que les alliés n'interviendraient pas par la force. Vint l'émeute improprement qualifiée de « massacre d'Alexandrie ». L'Angleterre, qui avait d'abord refusé l'action combinée des deux puissances, voulut agir toute seule ; elle lança au général égyptien un ultimatum qui conduisit, en pleine paix, à l'odieux bombardement d'Alexandrie. La flotte française ne devant pas prendre part à cet acte, se retira à Port-Saïd, et Conrad proposa d'occuper le canal de Suez, pour lui conserver son caractère international. Le vote émis le 29 juillet par la Chambre des députés fit avorter ce projet qui sauvegardait la situation de la France en Egypte. L'amiral parcourut alors les côtes de Syrie pour y assurer notre influence séculaire.

De retour en France, en avril 1883, Conrad fut nommé membre du Conseil des Travaux de la Marine.

Le 3 juillet dernier, il a été promu au grade de vice-amiral.

Nul dans la marine n'a plus payé de sa personne, en tous les points du globe. Sur quarante-cinq ans de services effectifs, il en a passé trente-sept sur mer. Nous souhaitons de voir encore le neveu de Bruat à la tête d'une escadre : les faits glorieux qui ont illustré son commandement en Tunisie sont les sûrs garants de ce qu'il continuerait à donner de gloire au pavillon français.

Le vice-amiral Conrad est Commandeur de la Légion d'honneur, Grand-croix du Sauveur (Grèce), Grand-croix du St.-Sépulcre (St.-Siége), Grand-croix de Nicham (Tunis), Grand-officier de Charles III (Espagne), Commandeur de St.-Grégoire (St.-Siége), Officier de Guadelupe (Mexique), décoré de l'ordre de l'Indépendance (Montenegro), du Mérite militaire (Italie), des médailles de Crimée (Angleterre), du Mexique, d'Italie.

ANT. MEYER, PHOTOG. COLMAR   DÉPOSÉ

JUNDT, Gustave

JUNDT, Gustave

PEINTRE, né le 21 juin 1830, à Strasbourg, dans la rue des Hallebardes. Sa vocation se révéla sur les bancs de l'école, où il se livrait avec l'ardeur de son âge à tous les caprices de sa plume, et couvrait livres et cahiers de fantaisies qui émerveillaient ses camarades et étonnaient ses maîtres. Petit-fils du célèbre orfèvre Kirstein, il appartenait heureusement à une famille qui savait honorer l'art: ses parents ne contrarièrent pas ses goûts. En 1845, il entra dans l'atelier de Gabriel Guérin; en 1849, il prit le chemin de Paris et s'enrôla parmi les élèves de Drolling. Celui-ci étant mort, il passa successivement sous la direction de Robert Fleury, de Biennoury et de Picot. Cependant Jundt, avec sa nature primesautière et toute d'improvisation, avait peine à se plier aux lenteurs de l'apprentissage académique; il rompit avec les vieilles traditions de l'art, et s'en fut droit à la nature, lui demander ses secrets.

Jundt fit son premier voyage en Bretagne de compagnie avec Lix et Touchemolin. En 1851, il séjourna pendant six mois dans le Dauphiné, puis il parcourut le grand-duché de Bade et le Tyrol. Il aimait à voyager. Il revit ces pays à différentes reprises, en visita d'autres, et rapporta de chacune de ses excursions une ample moisson d'études.

A son retour à Paris, Jundt se lia d'amitié avec Wetter, et ce fut dans l'atelier de ce peintre qu'il exécuta son premier tableau d'exposition: *la Fête au village voisin*. C'était en 1856. Depuis lors il ne cessa de travailler pour le Salon, où il exposa: *l'Invitation à la Noce* (grand-duché de Bade), 1859; *un Premier-né* (Tyrol), *Sauve-qui-peut* (grand-duché de Bade), *un Quatuor* (Tyrol), 1861; *le Mai, le Départ de la Mariée, une Leçon de danse dans le Tyrol*, 1863; *Sur la Montagne, un Dimanche au musée du grand-duc*, 1864. Cette toile fut brûlée au musée de Strasbourg pendant le bombardement, mais Jundt en fit une reproduction sur la demande de l'administration municipale; *la Toilette de la Mariée* (Tyrol), *le Retour du concours régional par un temps de brouillard*, tableau qui a péri lors de l'incendie des Tuileries, *la Noce surprise par la pluie*, qui appartient au musée de Colmar, 1865; *une Ondée, le Matin*, 1866; *Parrain et Marraine* souvenir des Alpes, *Après Sadowa*, 1867; *Marguerites, l'Heure de l'Office*, 1868; *la Nourrice des Bois, Iles du Rhin*, 1869 que possède le musée de Rouen; *Retour de la Fête* que l'on admire au musée de Dunkerque, *les Cigognes* une des perles du musée de Mulhouse, 1876.

Les malheurs de la guerre jetèrent le noble artiste dans un trouble profond. Il pleura de ne pouvoir courir s'enfermer à Strasbourg ou à Paris, et seconder, dans la mesure de ses forces, la résistance héroïque des assiégés. Mais la goutte le retenait à Aix-les-Bains. Alors il s'arma de son pinceau, et brossa huit vigoureux panneaux dont il fit une exposition au profit des soldats français meurtris par les combats. L'une de ces peintures, *l'Arbre de Noël*, fut envoyée au Salon de 1872, mais l'administration la fit retirer avant l'ouverture, pour ménager les susceptibilités du vainqueur. Une *Alsace*, debout, appuyée sur un chassepot dans une chaumière incendiée, eut le même sort. *Vive la France! les internés quittant la Suisse*, rencontra plus d'indulgence. Le *Dimanche matin, Pendant la Noce* figurèrent au Salon de 1879. Puis vinrent: *Il pleut* (souvenir de l'Oberland suisse), *le Denier de sainte Anne, Retour du Pardon*, 1874; *la Coupe des cheveux à la foire de la Tour* (Auvergne), 1875 ; *Fleurs de Mai*, 1876 ; *Près d'une Source, Fraises des Alpes*, 1877 ; *Violette des bois, De Vintimille à Bordighiera* (Italie), 1878. Dans le cours de la même année, Jundt exposa au Cercle artistique de la rue Saint-Arnaud, à Paris, deux panneaux décoratifs destinés au nouveau casino de Monte-Carlo. Ces toiles, dont le titre est : *la Cueillette des Olives* et *la Pêche*, produisirent sur le public une impression profonde. Les lignes suivantes, que nous empruntons à l'un des journaux de l'époque, résument l'appréciation de la critique : « Jundt, comme paysagiste, n'a fait que progresser dans ces dernières années. Jusqu'ici il n'avait attiré l'attention publique que par un grand nombre de toiles de genre, bien agréables et d'un mérite réel, mais qui ne faisaient pas présager une manifestation de talent aussi remarquable que *la Pêche* et *la Cueillette des Olives*. Ces toiles le classent d'un seul coup parmi nos grands paysagistes actuels. » *Fillettes des bois, le Sentier du Philosophe à Monaco* parurent au Salon en 1879, et les années suivantes : *Retour de la Mariée, Faneuse*, 1880 ; *Retour, Nice surprise par la neige*, 1881 ; *l'Aurore, le Crépuscule*, 1882 ; *les Premiers Rayons, Sous Bois*, et à l'Exposition triennale : *le Dimanche matin*, un chef-d'œuvre, 1883.

Jundt rêvait de glorifier, sur les murs de l'Hôtel-de-Ville de Paris, les hauts faits de l'Alsace-Lorraine et ses grands hommes ; il aurait également voulu édifier, sur la place du Carrousel, un immense panorama, où il eût décrit la vie intime, les coutumes et les légendes de nos provinces. Ces projets n'eurent pas de suite.

Le peintre strasbourgeois fut aussi un caricaturiste et un illustrateur hors ligne. Les albums *Trim*, publiés par la maison Hachette, *Hans*, dont il composa texte et dessins, *les Cigognes*, qu'Alphonse

Daudet encadra de sa prose exquise, obtinrent un succès considérable. Les illustrations de *l'Homme de Fer*, que la plume d'Edmond About devait commenter, sont malheureusement restées inédites.

Jundt avait infiniment d'esprit naturel. Célèbre par les saillies dont ne tarissait pas sa verve incroyable, il était la joie de toutes les réunions, le boute-en-train de toutes les fêtes parisiennes. Il faudrait des volumes pour conter toutes les anecdotes charmantes dont son existence fut remplie. On voit passer sa joviale figure dans la description de la fête qui ouvre le *Sapho* de Daudet.

Mais une maladie cruelle paralysait peu à peu ses forces, et le malheureux artiste sentait s'évanouir la confiance qu'il avait en lui-même. Il préparait, en vue du Salon de 1884, un tableau représentant *la Procession de la Passion à Monaco*. Ceux qui ont eu la bonne fortune de voir ce tableau affirment qu'il était digne en tout point de la réputation de son auteur; et pourtant, pris d'un mécontentement exagéré de son œuvre, il saisit un jour son couteau à couleurs et déchira la toile. La sombre tristesse qui l'avait envahi, et qui contrastait étrangement avec sa gaîté habituelle, ne fit alors qu'empirer; elle troubla sa raison, et le 14 mai 1884 Jundt se précipita, dans un accès de fièvre chaude, par la fenêtre de son atelier et se brisa la tête sur le pavé de la rue.

Le grand artiste, dont l'Alsace est fière, repose au cimetière Montparnasse.

SOURCES : Photographie d'après le tableau de Pille (salon de 1882). — E. H. *Gustave Jundt*. — René Menard. *L'Art en Alsace-Lorraine*. — André Michel. *Revue alsacienne*, 1884, p. 337-340. — *Courrier de l'Art*, n° du 6 juin 1884. — Th. Gautier. *Abécédaire du Salon de 1864*. — Revues et journaux divers, etc.

ANT. MEYER, PHOTOG. COLMAR   DÉPOSÉ

REBER, Jean-Georges

Jean-Georges REBER

La vallée de Sainte-Marie-aux-Mines est fort étroite, et presque dépourvue de terres arables. Il est donc tout naturel que suivant les époques, les habitants aient cherché leur subsistance dans la culture des industries les plus diverses. Mais la guerre de trente ans avait ruiné toutes les industries qui s'y étaient établies au 16ᵉ siècle et lors des guerres de religion; les mines rouvertes au commencement du 18ᵉ siècle, commençaient déjà à décliner vers 1750, et à cette époque la population appauvrie voyait avec inquiétude disparaître l'une après l'autre toutes ses ressources.

Un heureux hasard amena dans le val de Lièpvre deux citoyens de Mulhouse, Médard Zetter et Steffan, gendres d'un bourgeois de Sainte-Marie d'Alsace nommé Gœtz. Les nouveaux venus essayèrent d'abord de leur métier de tanneur, puis, leurs affaires n'étant pas des plus prospères, ils ouvrirent l'oreille aux conseils d'un de leurs compatriotes mulhousiens et transformèrent leur industrie.

Ce compatriote dont l'impulsion allait donner une nouvelle vie à la vallée de Lièpvre était Jean-Georges Reber.

Reber, que l'on a surnommé l'*Oberkampf des Vosges*, est né à Mulhouse, le 5 janvier 1731, de Jean-Georges Reber, apothicaire, conseiller de la République, et de dame Elisabeth Hofer.

Il avait établi récemment sur le territoire de Mulhouse une fabrique de rubans; mais les lois fiscales alors en vigueur, celles-là mêmes qui plus tard faillirent compromettre le succès des manufactures Dollfus, nuisaient à son industrie, et l'opposition mesquine que faisait à ses essais la tribu des passementiers le menaçait d'une ruine totale. Reber, en de telles circonstances, se crut obligé de chercher ailleurs un champ plus favorable à son activité. Il liquida sa fabrique de rubans et se disposa à rejoindre à Sainte-Marie ses compatriotes Zetter et Steffan. En attendant, ceux-ci créaient à son instigation une manufacture de toiles blanches de coton pour impression.

Dès qu'il fut libre, Reber rejoignit ses amis, auxquels il s'associa.

La nouvelle industrie, il faut le dire, n'offrait guère de ressources, et les affaires étaient loin d'être fructueuses. Reber quitta bientôt ses associés et établit pour son compte personnel une fabrique de bas de fil. Son idée première, l'introduction dans le val de Lièpvre de l'industrie cotonnière, continuait cependant à le préoccuper. Bientôt il pensa avoir trouvé de quoi parer aux difficultés du passé. Le tissage des toiles, peu rémunérateur autrefois, ne pouvait-il devenir florissant, s'il s'alimentait sur place au moyen de cotons filés à la main ?... La filature d'abord, le tissage ensuite !... Le mulhousien Bregentzer ayant sur ces entrefaites rejoint à Sainte-Marie Jean-Georges Reber, son neveu, l'infatigable chercheur acheta en Suisse les machines les plus perfectionnées parmi celles que l'on connaissait alors; il se mit à étudier leur manœuvre qu'il enseigna lui-même aux ouvriers, et, confiant enfin dans le succès, il renouvela la tentative avortée plus qu'à demi quelques années auparavant.

Le succès couronna tant d'efforts. La nouvelle industrie prospéra au point que l'Intendant général d'Alsace ayant visité l'établissement Reber en 1766, fut frappé de l'importance des ressources qu'il offrait aux habitants du val et particulièrement aux infirmes, aux femmes, aux enfants. Sur les instances bienveillantes de l'Intendant divers privilèges furent concédés au jeune manufacturier.

Reber sut mériter les faveurs qu'il recevait et il se montra digne d'en obtenir de plus grandes encore. Les progrès incessants de son industrie témoignèrent de la puissance de son génie commercial. Bientôt le Ban de la Roche devint à son tour une vaste filature à la main, au service de la fabrique Reber. Oberlin s'y fit en quelque sorte l'employé de l'industriel, son intermédiaire désintéressé auprès des ouvrières de Waldbach, de Rothau et de Fouday.

D'année en année la manufacture de Sainte-Marie prit plus d'extension. En 1770, on y tissa des étoffes fil et coton. Les principaux débouchés étaient l'Alsace et la Lorraine, puis vinrent la Suisse et l'Allemagne.

En 1771 des ateliers de teinture s'ajoutèrent à ceux de la filature et du tissage. Dans les années 1787 à 1796, Reber, associé alors avec Lehr, occupait en moyenne 250 métiers.

Cette prospérité si bien méritée excita l'émulation générale. De nombreux concurrents surgirent : Steffan et Appenzeller d'abord (à Fertrupt, plus tard à Ribeauvillé), Lhuillier et enfin, à la veille de la Révolution, MM. Germain et Schoubart.

Durant les dernières années de sa vie, Reber s'était adjoint son gendre, Jean Blech, de Mulhouse, beau-frère lui-même d'Alexandre Kœnig. Ce gendre hérita plus tard de la maison d'habitation construite en 1788 et de la plus grande partie des affaires, divisées après 1816 entre lui et les autres membres de la famille Reber.

En 1802, Jean-Georges, quoiquoi déjà vieux, entreprit un voyage à Paris, afin de féliciter le premier consul et le remercier, avec une députation d'industriels alsaciens, d'avoir rétabli en France l'ordre et la confiance. Il partit avec ses chevaux et sa voiture et mit douze jours à parcourir une route que l'on parcourt aujourd'hui en douze heures. Il fut reçu on ne peut mieux par Bonaparte. Durant ce séjour à Paris, il fit exécuter son portrait par Drolling. Ce portrait, bien souvent reproduit par la gravure et par la lithographie, est aujourd'hui la propriété de M. J. J. Blech.

Le créateur de l'industrie actuelle du val de Lièpvre mourut le 22 décembre 1816, à l'âge de 86 ans.

A ses funérailles assistèrent tous les fonctionnaires, l'administration municipale, le clergé des diverses confessions, les officiers français en résidence à Sainte-Marie et les officiers autrichiens de l'armée d'occupation qui faisaient partie de la garnison de la ville, enfin tous les élèves des écoles publiques. Les quatre plus anciens conseillers municipaux menaient le cercueil qui était porté par un catholique, par un luthérien, par un réformé et par un anabaptiste. Après le service religieux, célébré par le pasteur Mæder, des chœurs entonnèrent un cantique de Gellert, cantique favori du défunt. Sur la tombe, enfin, le maire baron de Muller, crut devoir, au nom de la population, prononcer l'éloge du régénérateur de la vallée.

Jean-Georges Reber s'était marié en 1764 avec Christine-Frédérique de Schwengsfeld, petite-fille de Jean Fattet, le dernier Landrichter de Sainte-Marie-aux-Mines d'Alsace. De ce mariage sont issus de nombreux enfants et petits-enfants, alliés aux principales familles de l'Alsace industrielle.

M.

DIETRICH, Philippe-Frédéric

DE DIETRICH, Philippe-Frédéric

La famille de Dietrich est d'origine lorraine. Dans la seconde moitié du XVI° siècle, Dominique Didier, dont le père avait rempli auprès des ducs de Lorraine les fonctions de conseiller d'Etat, s'établit à Strasbourg, changea son nom de Didier contre celui de Dietrich, qui fut annobli par Louis XV, et devint le fondateur d'une famille dont les chefs ont marqué dans les annales de l'Alsace.

Philippe-Frédéric de Dietrich, premier maire de la ville de Strasbourg, naquit en cette ville, le 14 novembre 1748. Il était le second des fils de l'ammeister-régent Jean de Dietrich. Sa jeunesse fut studieuse. Doué de toutes les qualités de l'esprit, il joignait à un goût très vif pour l'étude les aptitudes les plus diverses et sacrifia de bonne heure au culte des arts, des lettres et des sciences. Mais il s'adonna spécialement à la minéralogie et à l'art métallurgique. Des voyages d'exploration dans les montagnes de la France, de l'Italie, de l'Allemagne, de la Hongrie, de l'Angleterre, aidèrent considérablement à son développement intellectuel. Le résultat de ses recherches prit corps dans plusieurs ouvrages ou articles insérés dans les journaux et recueils scientifiques de l'époque.

Voici la liste des principaux d'entre eux: *Lettres de M. Ferber à M. le chev. de Born sur l'histoire naturelle de l'Italie* (trad. de l'allem., Strasb., in-8°, 1776); *Traité chimique de l'air et du feu* (trad. de l'allem. de Scheele, Paris 1785, in-8°. Supplément in-12); *Description des gîtes de minerai et des bouches à feu de France* (Paris 1786-1800, 3 vol. in-4°). Dietrich comptait, dans une série de volumes, décrire sous ce titre les mines et usines de toute la France ; mais les évènements politiques ne lui en laissèrent pas le temps. Il ne parut que trois tomes de ce vaste travail. Le premier : *Description des gîtes de minerai, des forges et des salines des Pyrénées, suivie d'observations sur le fer mazé et sur les mines des Sards en Poitou*, fut imprimé en 1786 (Paris et Strasbourg). Le second : *Description des gîtes de minerai, forges, salines, verreries, tréfileries, fabriques de fer-blanc, porcelaine, faïence, etc., de la Haute et Basse-Alsace*, vit le jour en 1789 (Paris et Strasb.). Le troisième, qui concerne la Lorraine, était sous presse quand parut le précédent, mais il ne fut publié que l'an VIII. *Observations sur l'intérieur des montagnes* (trad. de l'allem. de Trebra, Paris 1787, in-fol.) ; *Vindiciæ dogmatis Gratiani de rescriptione* (Str. 1787, in-8°) ; *Mémoires sur les arbres qui peuvent être employés aux plantations le long des routes*, avec Hammer (Paris et Strasb. 1805, in-8°). Dietrich publia dans les Annales de chimie : *Avis de M. le baron de Dietrich sur l'institution de la Société de l'art de l'exploitation des mines établie à Chemnitz en Hongrie* (t. Ier, pp. 116-142, 1789) ; *Extrait d'un mémoire de M. Gmelin, prof. de chimie à Gœttingue, sur la combinaison du manganèse avec le cuivre* (t. Ier, pp. 303-306) ; *Extraits du second volume des annales de Crell pour l'année 1788* (t. II, pp. 302-308, 1789 ; t. III, 284-312 ; t. IV, 281-285, 1790) ; *Rapport fait à l'Académie royale des sciences le 10 juin 1789 par MM. Berthollet et de Dietrich* sur un mémoire de Chaptal, intitulé : « Observations sur la manière de former de l'alun par la combinaison directe de ses principes constituants » (t. III, pp. 46-54, 1789) ; *Extraits des observations de MM. Adolph, Modeer et Klaproth*, sur le sulfure de Molybdène (t. III, pp. 115-120). Le nom de Dietrich continue à figurer au nombre des rédacteurs des Annales de chimie jusqu'au mois de janvier 1792 (tome XIIe de la collection).

En 1773, Jean de Dietrich avait résigné en faveur de son fils la charge de secrétaire-interprète de l'Institution du Mérite militaire. Le 5 septembre 1779, Louis XVI accorda à Philippe-Frédéric les fonctions de secrétaire général des Suisses et Grisons ; à plusieurs reprises, le gouvernement le chargea d'inspecter, comme commissaire royal, les mines, les forges et les usines de la France, de l'Angleterre et de la Corse. Ses liaisons avec Turgot, avec Condorcet et les Encyclopédistes le firent arriver, vers 1780, à l'Académie des sciences, dont il était d'abord correspondant. Ajoutons que par son mariage avec Louise Ochs, sœur du chancelier de Bâle, il s'était allié à une famille patricienne de la Confédération suisse.

Dietrich avait 40 ans, lorsqu'il commença sa carrière politique. Le 8 juillet 1789, il quittait Paris pour venir remplacer à Strasbourg le prêteur royal, en qualité de Commissaire du Roi. Il rentra dans sa ville natale avec le ferme espoir de concilier les intérêts opposés qui agitaient la population ; mais déjà le moment des compromis était passé. Le 20 juillet eut lieu le sac de l'hôtel-de-ville. Quand l'ordre fut rétabli, Dietrich réussit à ramener ses concitoyens à l'idée que, dans le nouvel ordre de choses, il n'y avait plus de place pour les anciens privilèges de la cité. Elu maire en janvier 1790, il maintint à Strasbourg le règne des lois, le libre jeu des institutions et déploya une activité prodigieuse à la réorganisation des diverses administrations. Mais sa modération l'avait rendu suspect au parti des Jacobins, qui dominait au club du Miroir, et qui lança contre lui, en avril 1792, une première accusation. Dédaigneux de ces clameurs, Dietrich ne songeait qu'à la défense des frontières en face des étrangers et des immigrés. La guerre venait d'être déclarée à l'Autriche. On sait que Rouget de l'Isle composa la *Marseillaise*, le lendemain du jour où l'on apprit l'ouverture des hostilités, et la chanta dans le salon du maire. Cependant Schneider et les siens ne s'étaient pas découragés de l'insuccès de leur première accusation; ils en adressèrent une seconde à l'assemblée, et une lettre du ministre Roland se fit l'écho de leurs calomnies (12 juin). Le corps municipal de Strasbourg protesta en faveur de Dietrich, et envoya à l'assemblée législative des délégués qu'on refusa d'entendre (12 juillet). Trois jours avant le 10 août, le même conseil vota et rédigea deux adresses au Roi et à l'assemblée : « Strasbourg, y était-il dit, restera fidèle à la constitution de 1791 ». En apposant sa signature au bas de ces deux missives, Dietrich signait sa propre déchéance. Par un arrêt du 18 août, l'assemblée le somma de comparaître à sa barre. Après avoir réuni ses moyens de défense, Dietrich se mit en route pour Paris. Près de Bitche il apprend qu'il est décrété d'arrestation et passe la frontière. De Bâle il écrit à Paris qu'il rentrera en France, quand le règne de la loi sera rétabli. Le 5 novembre il se constitue prisonnier à Saint-Louis, et le 11 du même mois il fait son entrée à Paris. La Convention refuse de l'admettre à sa barre, et l'envoie devant le tribunal de Strasbourg. Mais les Jacobins, inquiets de l'attitude de la population, obtiennent qu'il sera jugé à Besançon. Le 23 décembre, l'accusé arrive dans cette ville où sa femme partage sa captivité, comparaît dans les premiers jours de mars 1793 devant ses juges, et est acquitté. Mais on le retient dérisoirement comme émigré : il est conduit à l'Abbaye de Paris, et le 29 décembre sa tête tombe sur l'échafaud.

ANT. MEYER, PHOTOG. COLMAR DÉPOSÉ

HANAUER, Charles-Auguste

HANAUER, Charles-Auguste

EST né le 20 mai 1828 à Habsheim (Haut-Rhin), où son père était receveur des contributions indirectes. Il commença ses classes au Collége royal de Nancy. Son goût pour les études historiques le fit bientôt remarquer de ses maîtres, et lui valut l'amitié particulière de son professeur d'histoire, M. Joguet, depuis proviseur à Marseille et à Paris. Après avoir achevé sa rhétorique au collége de Strasbourg, il résolut de se vouer à la carrière ecclésiastique, fit sa philosophie au petit-séminaire, et, en 1846, entra au grand-séminaire. En 1851, l'Ecole des Carmes de Paris le comptait parmi ses élèves; deux ans après, M. Hanauer en sortait avec le grade de licencié ès-lettres. Le Collége libre de Colmar venait d'être fondé. Jaloux d'en confier la direction à l'élite du clergé alsacien, Mgr Ræss attacha à cet établissement M. Hanauer, qui y enseigna les humanités. L'année suivante, le jeune professeur suppléa, puis remplaça M. Martin dans la chaire de rhétorique, qu'il occupa pendant 29 ans, tant à Colmar qu'à La Chapelle-sous-Rougemont, où le malheur des temps exila le Collége libre. Le 1er octobre 1883, M. Hanauer a été nommé bibliothécaire de la ville de Haguenau.

L'éloge de l'historien, de l'érudit, n'est plus à faire. Dès longtemps déjà, le monde savant rend aux œuvres de M. Hanauer l'hommage qui leur est dû.

Il publia en 1861, dans la *Revue catholique d'Alsace: Les Annales et la Chronique des Dominicains de Colmar*, étude critique sur le manuscrit de Stuttgard et sur la publication qu'en avaient faite à Colmar MM. Gérard et Liblin. En 1859-1860 avait déjà paru dans le même recueil: *Les historiens de l'Eta-*

blissement de la Réforme à Colmar. Les recherches auxquelles l'avait entraîné ce travail, attirèrent l'attention de M. Hanauer sur la guerre des Paysans (1525). Il se demanda si ce soulèvement n'avait pas avant tout un caractère social, et si les paysans n'avaient pas été poussés à la révolte par le changement de leur condition politique et économique. De là une nouvelle étude qui aboutit aux *Paysans de l'Alsace au moyen-âge* (in-8°, xv, 351 p. Strasbourg 1865) et aux *Constitutions des Campagnes de l'Alsace au moyen-âge* (in-8°, 389 p. Strasb. 1865).

Sans être entièrement neuve, la matière n'avait jamais été traitée avec cette ampleur. Ce fut toute une révélation d'un passé inconnu pour le public alsacien, et même pour les savants du dehors, qui n'avaient pas trouvé chez eux, du moins à une époque aussi récente, l'organisation décrite par M. l'abbé Hanauer. L'Académie des Inscriptions et Belles-Lettres couronna les deux volumes au concours de 1865. La Société d'Economie sociale, sur un rapport de M. Charles de Ribbe (*Les Institutions rurales de l'Alsace*. Paris 1866), leur consacra une discussion qui prit plusieurs séances et dans laquelle intervinrent les principales notabilités de la science économique. En Alsace, cette publication eut un grand retentissement, grâce à des circonstances toutes spéciales. L'une des gloires du barreau de Colmar, M. Ignace Chauffour, se crut attaqué par l'auteur, et lui attribua les doctrines qu'il avait combattues dans un procès célèbre (Procès de Barr). De là une polémique qui remplit, en 1866, les deux recueils littéraires de la province, la *Revue d'Alsace* et la *Revue catholique d'Alsace*, et qui, dégagée de toute question accessoire, peut se résumer en quelques mots. Selon M. Chauffour, la juridiction des paysans réunis en corporation, ne comprend que l'application du bail emphytéotique; M. Hanauer l'étend pour certaines colonges aux matières civiles et criminelles. Il en était ainsi, reprend M. Chauffour, dans le principe, pour les terres d'immunité, mais depuis le XIIIe siècle, elles ont disparu. Plusieurs règlements colongers des XIVe et XVe siècles, prouvent qu'il en existait encore à cette date, réplique son contradicteur. A la suite de ce débat M. Hanauer prépara une curieuse monographie. Il avait découvert dans les archives de Strasbourg, un exemple, unique peut-être dans son genre, qui étayait singulièrement son argumentation et établissait d'une façon incontestable l'existence d'une ancienne immunité, ayant conservé jusqu'à la Révolution de 1789 une partie de ses premières attributions. Lorsque la ville de Strasbourg fut devenue propriétaire de la colonge de Marlenheim, elle s'appuya sur ses vieux statuts pour interdire aux seigneurs d'Odratzheim, ancienne dépendance de cette colonge, toute juridiction civile et criminelle dans l'intérieur de leur village ; le *Conseil souverain d'Alsace*, plusieurs fois invoqué par les deux parties, donna toujours gain de cause à la ville de Strasbourg. Mais les deux adversaires s'étaient réconciliés, et M. Hanauer, par délicatesse, laissa son travail inachevé. A cette époque d'ailleurs, il s'était déjà laissé captiver par une étude beaucoup plus vaste, qui ne tarda pas à l'absorber entièrement.

La partie économique des *Paysans d'Alsace* n'avait pas pleinement satisfait leur auteur ; d'où l'idée de doter les historiens futurs de l'Alsace, d'un instrument qui leur manquait, et sans lequel beaucoup de problèmes demeuraient insolubles. Plus de dix ans durant, ce furent recherches sur recherches. Enfin parurent, avec le concours de la Société industrielle de Mulhouse, les *Etudes économiques sur l'Alsace ancienne et moderne* (2 vol. XXVIII, 595 p. en 1876, et XXXVI, 676 p. en 1878). Dans le premier volume, les *Monnaies*, l'auteur établit la valeur des diverses monnaies employées en Alsace, depuis le XIII° siècle. Autour de cette question, partie essentielle de son livre, il a groupé tous les renseignements qu'il a pu trouver dans les archives sur les ateliers monétaires, la condition des monnayeurs, les frais de monnayage, la production de l'or et de l'argent, le change, les banques, l'intérêt de l'argent, en un mot tout ce qui de près et de loin touchait à son sujet. Le second volume, *Denrées et salaires*, détermine le pouvoir de l'argent. C'était le complément obligatoire du premier. En effet, pour savoir ce que représente une somme d'argent à une époque donnée, il ne suffit pas de l'évaluer en francs et en centimes, il faut aussi se rendre compte de la quantité de denrées qu'on pouvait alors se procurer avec cette somme. L'Académie des Inscriptions et Belles-lettres couronna les deux volumes au concours de 1878.

On doit en outre à M. Hanauer la publication d'une série de constitutions villageoises recueillies par lui et insérées dans les *Weisthümer* de Grimm (il en a été fait un tirage spécial, à un petit nombre d'exemplaires, Bonn 1866); un discours (prononcé à la distribution des prix de La Chapelle) sur l'étude de l'histoire locale (Montbéliard 1881); divers articles de revues, notamment une étude bibliographique sur l'*Ancienne Alsace à table*, de M. Gérard, une autre sur l'histoire d'Obernai de M. l'abbé Gyss, une esquisse économique sur les *Comptes de l'hôpital de Colmar en 1479* (1882), etc., etc.

La nouvelle position qu'occupe actuellement M. Hanauer, lui permet de se livrer sans réserve à ses études favorites. Il prépare diverses publications historiques, dans lesquelles Haguenau, sa patrie adoptive, tiendra la première place.

ANT. MEYER, PHOTOG. COLMAR   DÉPOSÉ

Baron HESSO DE REINACH

BARON DE REINACH-HIRTZBACH
HESSO-ANTOINE

ONSEILLER d'Etat et président du Conseil général de la Haute-Alsace, né à Hirtzbach, près d'Altkirch, le 21 juin 1829, est fils du baron Charles de Reinach-Hirtzbach, et de Marie-Antoinette-Eléonore, baronne de Reinach-Steinbrunn. Marié le 15 juillet 1851 avec Marie-Anna-Antoinette-Caroline, baronne de Gohr, à Wattwiller, il en a eu cinq enfants. Son père, ancien colonel de cavalerie, commandeur de la Légion d'honneur, fut longtemps député du Haut-Rhin et pair de France. Sa sœur a épousé le baron François Zorn de Bulach, chambellan de l'empereur Napoléon III et actuellement vice-président de la diète d'Alsace-Lorraine. Il a deux frères : l'un, Maurice, né le 12 septembre 1823, colonel de cavalerie actuellement en retraite; l'autre, Charles, né le 30 mai 1825, ministre plénipotentiaire en disponibilité, attaché en 1870 à l'ambassade de France à Berlin. En 1851, il a été nommé maire de la commune de Hirtzbach, où se trouve la résidence de la famille, puis, dans la même année, conseiller d'arrondissement. Lors des élections pour le Corps législatif en France, dans le courant de l'année 1852, la population de l'arrondissement d'Altkirch le chargea du mandat de député, qu'il a conservé sans interruption jusqu'en 1869. Depuis 1860 il siége également au Conseil général du Haut-Rhin, dont il a été vice-président d'abord, puis président après la reconstitution de cette assemblée en 1872. Par suite de l'institution du Landesausschuss et du Conseil d'Etat, établis à

Strasbourg, pour l'Alsace-Lorraine, il se trouva désigné tout naturellement pour entrer dans ces deux autres corporations en 1874 et en 1879. Le gouvernement français a récompensé ses services en le nommant chevalier de la Légion d'honneur le 20 août 1860 et officier le 14 août 1868.

Avant la révolution de 1789, la famille de Reinach ne comptait pas moins de six branches, dont trois seulement existent encore aujourd'hui. La branche des Reinach-Hirtzbach, à laquelle appartient le président actuel du Conseil général de la Haute-Alsace, est issue de la ligne des Reinach de Foussemagne par le baron Melchior, troisième fils de Jean-Thiébaud Ier du nom, mort au dix-septième siècle. Un de ses descendants a été élu, en 1705, prince-évêque de Bâle. Plusieurs autres sont morts comme commandeurs de l'ordre des chevaliers teutoniques ou comme officiers supérieurs au service de la France. Parmi ses alliés, Jean-Henri II, auteur de la branche de Foussemagne et frère du baron Melchior, s'est acquis, pendant la guerre de Trente-Ans, une réputation glorieuse comme général des armées impériales. Gouverneur de Brisach en 1638, le général de Reinach a dégagé cinq années auparavant la ville de Constance, assiégée alors par les Suédois du comte Horn. A la bataille de Sempach, en 1386, on avait vu combattre dans les rangs autrichiens dix-neuf Reinach: dix-huit d'entre eux payèrent leur bravoure de la vie. Celui qui survécut, Hamann ou Hannemann, échappé au massacre, devint la souche de toutes les branches de la famille formée plus tard. Il vint s'établir dans le Sundgau, qui appartenait à la maison d'Autriche, et reçut en fief, dans les dernières années du quatorzième siècle, les châteaux de Heidwiller et de Frœningen avec leurs dépendances. Tirant son nom des châteaux de Rynach, près de Pfæfficon, canton de Lucerne, en Suisse, la famille de Reinach est mentionnée dans une foule d'actes et de chroniques. D'après M. Ernest Lehr, page 20 du tome troisième de *l'Alsace noble*, il y avait en 920 un Hesso de Reinach, chanoine à Béro-Munster, qui mourut en odeur de sainteté. Un autre Hesso de Reinach est cité par Iselin parmi les chevaliers qui accompagnèrent à la seconde croisade l'empereur Conrad III. Les chroniques suisses contemporaines citent un Rodolphe de Reinach comme s'étant distingué par sa vaillance, sous les murs de Tyr, au siège de Ptolémaïs et à la défaite du sultan Saladin. Jacques Ier de Reinach fut plus tard un des compagnons favoris de Rodolphe de Habsbourg : un jour que l'empereur, ayant rencontré un prêtre chargé du viatique, descendit de cheval pour y faire monter le ministre de Dieu, Jacques de Reinach céda sa monture au sacristain à la suite du prêtre. Plusieurs Reinach figûrèrent d'ailleurs sur la liste des prieurs du couvent de Bero-Munster.

Le roi de France, Louis XIV, passant un jour avec Madame de Maintenon la revue de son régiment d'Alsace, commandé par le colonel Humbert de Reinach, plus tard maréchal de camp et mort en Catalogne des suites d'un coup de mousqueton, s'écria : « Madame, voyez ici Mons de Reinach. Sa famille me fournit plus d'officiers gentilshommes que toute la Basse-Bretagne, qui est pourtant une de mes plus grandes provinces. » Charles de Reinach, père du baron Hesso, né le 11 août 1785, servit également avec distinction dans les armées de Napoléon Ier, en qualité d'officier supérieur de cavalerie attaché à l'état-major du roi Murat, pour devenir ensuite député et pair de France. Noblesse oblige ! Les chefs de la famille de Hirtzbach ont jugé de leur devoir de demeurer surtout les mandataires de la population au milieu de laquelle ils se sont trouvés placés, afin de soutenir ses intérêts à travers des vicissitudes changeantes, dans la mauvaise comme dans la bonne fortune.

Aussi bien le vrai patriotisme ne se livre pas à des manifestations bruyantes pour se dérober à des obligations plus difficiles à remplir. Après l'annexion à l'Allemagne, lorsque les conseils généraux furent rétablis en Alsace pour participer à l'administration du pays, nombre de conseillers élus proposèrent à Colmar d'empêcher la constitution de notre représentation départementale, en se retirant en masse pour protester contre le fait accompli de la conquête. Le baron Hesso de Reinach s'opposa énergiquement à cette proposition en faisant valoir que l'assemblée avait été élue avec le mandat de participer avec le gouvernement établi au rétablissement de l'ordre dans les affaires publiques du département, non pour se livrer à de stériles manifestations. Tenir ce langage, c'était obéir au bon sens, à la raison, sans froisser le sentiment douloureux produit par des événements dont nous ne sommes responsables à aucun titre. Le Conseil général du Haut-Rhin sut se rendre à la voix de la sagesse. Ceux-là même qui avaient un moment songé à provoquer la retraite prièrent M. de Reinach d'accepter la présidence de l'assemblée, afin de diriger leurs travaux dans l'intérêt commun. Chaque année, depuis la session de 1872, le même vote se trouve confirmé à nouveau, montrant de la manière la plus décisive que des hommes réfléchis savent toujours apprécier à leur valeur les services rendus à la chose publique, sans se laisser entraîner par des impressions inopportunes ou le caprice mobile des circonstances.

CHARLES GRAD
de l'Institut de France.

ANT. MEYER, PHOTOG. COLMAR   DÉPOSÉ

SILBERMANN, Jean-Thiebault

SILBERMANN, Jean-Thiébault

Si le savant dont il est question n'a pas été un chimiste de profession, il n'a pas moins marqué dans la chimie par des inventions et des observations qui sont du domaine de cette science, et surtout par les recherches thermochimiques, qu'il a publiées de concert avec M. Favre, recherches devenues classiques et honorées de l'un des grands prix de l'Académie des sciences.

Né le 1er décembre 1806 au Pont-d'Aspach, Jean-Thiébault Silbermann, fils d'un capitaine d'artillerie, fit en grande partie ses études au Collège de Neuf-Brisach, et les termina à la Faculté des sciences de Strasbourg. Grâce à l'étude assidue à laquelle il se livra des divers genres de dessin et de peinture, il acquit une habileté de main remarquable, qu'il sut utiliser plus tard.

Le 4 novembre 1821, il arrivait à Paris, chez un ami de sa famille, le célèbre constructeur Jecker, qui l'admit comme apprenti libre dans son atelier de construction d'instruments de précision. Tout en travaillant manuellement, Silbermann suivait les cours de la Faculté des sciences, et ne tardait pas à se faire remarquer par le professeur de physique M. Pouillet. Le 1er novembre 1826, le jeune homme était attaché comme aide à ce dernier, et nommé préparateur du cours de physique au collège Bourbon. En même temps le savant professeur se faisait assister par lui dans les leçons qu'il donnait aux princes de la famille d'Orléans.

En 1829, Silbermann quitte cette position qui

lui procurait à peine de quoi vivre, tout en lui prenant tous ses instants (il était en même temps chargé d'exécuter les dessins du traité de physique auquel M. Pouillet travaillait alors, planches qui sont encore aujourd'hui dignes de servir de modèles) pour accepter une place dans les ponts et chaussées.

Il fut attaché aux travaux d'endiguement du Rhin, et dressa, entre autres, la grande carte du cours du Rhin entre Bâle et Strasbourg, travail qui rend encore de grands services aux ingénieurs géographes pour les opérations relatives à la carte du Rhin. Les services rendus par Silbermann dans cette partie de sa carrière, méritent qu'on en conserve le souvenir. Le 15 juillet 1835, rappelé à Paris par M. Pouillet, il fut nommé préparateur du cours de physique du Conservatoire ainsi que du cours de la Sorbonne, cumulant ainsi les deux services dont M. Pouillet cumulait les chaires. Il conserva ces fonctions jusqu'en 1848, époque à laquelle il devint conservateur des collections du Conservatoire des arts et métiers. C'est durant cette période de treize années, presque exclusivement consacrée aux recherches particulières de son maître, que les goûts de Silbermann pour les sciences expérimentales se traduisirent par des faits qui resteront à la Science, de l'aveu même de M. Pouillet. Pendant qu'il travaillait aux recherches de ce dernier sur l'électricité, Silbermann a constaté, avant Jacoby, les premiers faits de galvanoplastie, et la possibilité de les appliquer à la reproduction des médailles; de même il reconnut, (c'était en 1838) cette propriété des gaz de se condenser à la surface des lames de platine, et nous verrons plus tard cette condensation des gaz par les corps solides devenir l'objet des recherches thermo-chimiques qu'il a publiées de concert avec M. Favre.

Nous ne ferons que mentionner les appareils qui, comme le *Banc de Melloni*, le *Banc de diffraction* et autres, devaient faciliter considérablement l'enseignement de la physique et permettre de faire la projection de certains phénomènes lumineux, le *Simpiézomètre*, le *Cathétomètre* perfectionné, l'*Héliostat*, un des beaux titres de Silbermann, dont il porte le nom, et qui, à lui seul, eût suffit pour assurer la gloire de cet homme de science, enfin le *Focomètre* qui permet de déterminer rigoureusement le foyer des lentilles. Nous citerons encore ses travaux sur la vitesse de la lumière et celle de l'électricité. Il inventa ensuite un *Pyromètre* à gaz, le *Dilatomètre*, connu sous le nom de pèse-alcool Silbermann. A la suite de ces découvertes, il fait des recherches sur la dilatation linéaire des métaux et en applique le résultat à la comparaison des mesures métriques (*Americ. Journ. of. science and arts*, vol. XV, p. 113-413). Enfin, quittant vers la fin de ses jours le domaine de l'invention, qui était le sien, il se livre à des recherches approfondies sur la taille humaine et y trouve l'origine de nos mesures de longueur. Malheureusement la veuve et la fille aînée de Silbermann refusèrent, à sa mort, de laisser publier ces derniers travaux du savant. Depuis, la plus jeune de ses enfants, l'auteur de cette notice, réclama ces pages curieuses. Mlle Amélie Silbermann prétendit les avoir perdues. Ainsi est restée inédite en grande partie, l'œuvre dernière où Silbermann s'était absorbé tout entier.

Silbermann avait une habileté de main extraordinaire, il ne touchait pas un instrument sans l'améliorer. Avec les moyens les plus simples et les plus restreints, il savait improviser les appareils les plus délicats, et justifiait à merveille ce portrait que Franklin a tracé du vrai physicien, qui doit savoir « scier avec une lime et limer avec une scie ». A cette ptitude si précieuse pour un expérimentateur, il unissait une grande facilité pour le dessin ainsi que pour la plastique, et savait admirablement combiner et faire aboutir une expérience.

Silbermann est mort le 4 juillet 1865, à Paris, au Conservatoire des arts et métiers.

Tous ceux qui l'ont connu l'ont aimé et estimé. Lorsque le temps, en emportant ceux qui l'ont apprécié à sa juste valeur, aura affaibli le souvenir de ses qualités personnelles, il vivra encore par ses travaux, car c'est par eux qu'il a conquis une place honorable dans l'histoire de la science. Mêlé au grand mouvement scientifique de notre époque, il aborda plus d'un travail sans se préoccuper, comme tant d'autres, de donner à ses moindres recherches la publicité. Aussi est-ce sans exagération, que l'abbé Moigno a pu dire : « Silbermann a contribué sans gloire à plus d'une grande découverte ». Mais ce serait mal servir sa mémoire que de chercher à reconquérir, pour lui, des droits qu'il n'a pas cru devoir réclamer de son vivant.

Henriette Eberwein.

SOURCES : Nicklès : *Notice biographique sur J. Th. Silbermann.* — Bulletins de la Société d'Encouragement. — Journal de Physique et Chimie. — *Cosmos* de l'abbé Moigno. — Comptes-rendus de l'Académie des sciences, etc., etc.

KELLERMANN, François-Christophe

KELLERMANN, François-Christophe

MARÉCHAL de France et duc de Valmy, naquit à Strasbourg, le 28 mai 1735. Son bisaïeul était président de la Chambre des Treize et prévôt des marchands en 1669; son père était directeur du dépôt des sels de la ville. Il se sentit de bonne heure porté vers la carrière militaire et, à l'âge de dix-huit ans, il entra comme cadet dans le régiment de Lowendahl (1752). Enseigne dans Royal-Bavière en 1753, il fut nommé, le 6 mai 1756, lieutenant aux volontaires d'Alsace. La guerre de *sept ans* lui fournit l'occasion de faire ses premières armes et de manifester sa valeur; dès la première campagne il mérita le grade de capitaine en second (9 avril 1758). L'année suivante il se distingua à la bataille de Berghem. Nommé capitaine à la suite dans les volontaires du Dauphiné, le 13 avril 1761, il justifia cet avancement par une action d'éclat, à l'affaire d'Orsten. Dans la campagne suivante (1762) sa vaillance lui fit obtenir la croix de Saint-Louis. Kellermann se signala encore à la bataille de Friedberg. Après la paix de 1763, il passa capitaine dans la légion de Conflans. En 1765 et 1766, Kellermann fut chargé par le roi de missions particulières en Pologne et en Tartarie. Il fut du nombre des officiers qui commandèrent en 1771, sous les ordres du baron de Viomesnil, les troupes envoyées en Pologne, pour appuyer la confédération de Bar, et se distingua en divers combats contre les Russes dans le mois de janvier 1772. Forcé à la retraite par la supériorité de l'ennemi, il exécuta ce mouvement avec autant d'habileté que de bonheur. Revenu en France après le second partage de la Pologne, Kellermann fut élevé au grade de lieutenant-colonel (24 mars 1772). Il devint major des hussards de Conflans en 1779, et lors de la formation du régiment colonel-général hussards (1780), il en obtint la lieutenance-colonelle. Créé brigadier des armées du roi, le 1er janvier 1784, il parvint, six semaines après, au grade de mestre-de-camp en second du même régiment, puis à celui de maréchal-de-camp, le 9 mars 1788.

Quand vint la Révolution, Kellermann en adopta les idées sans difficulté, bien qu'il n'eût eu guères à se plaindre du régime précédent. Le 12 août 1790 il fut chargé de vérifier la comptabilité des régiments. Compris dans une des dernières promotions de l'ordre de Saint-Louis, et créé commandeur, il fut nommé successivement commandant des départements du Haut et du Bas-Rhin (1790 et 1791) et déjoua les projets des émigrés qui intriguaient sur la frontière. Le 9 mars 1792, il fut fait lieutenant-général. Commandant les troupes rassemblées au camp de Neukirch sur la Sarre, il couvrit l'Alsace et la Lorraine, et avec dix mille hommes préserva ces provinces de la dévastation des Autrichiens. Peu après il prit le commandement de l'armée du Centre, devenue Moselle. Le 10 septembre, Kellermann opéra sa jonction avec Dumouriez à Dampierre : le 20, il battait les Prussiens à Valmy. Le 23 octobre Kellermann ordonna trois salves d'artillerie dans toutes les places de son commandement, pour signaler qu'il n'existait plus d'ennemi sur le territoire de la république. Accusé par Custine de n'avoir pas secondé ses opérations sur le Rhin, Kellermann fut admis à la barre de la convention le 14 novembre, et se justifia. On lui donna le commandement en chef de l'armée des Alpes et il mit une grande activité à organiser la défense du pays qui lui était confié. Mais ses ennemis étaient loin d'avoir désarmé. Dénoncé comme suspect de complicité avec Dumouriez et *les Égalités*, Kellermann fut suspendu de ses fonctions et mandé à Paris par le conseil exécutif : il *sortit pur* de l'examen qui fut fait de sa conduite. Nommé général en chef de l'armée des Alpes et d'Italie, il fut envoyé devant Lyon qui venait de s'insurger, puis il retourna dans les Alpes où il reprit l'offensive. Kellermann était de plus en plus exposé aux attaques des Jacobins. Il fut destitué au moment où il se préparait à partir pour le siège de Toulon, conduit à Paris et déposé dans la prison de l'Abbaye, où les protecteurs secrets qu'il avait dans le comité du salut public le laissèrent oublié pendant plus d'un an : c'était en ce temps-là le seul moyen de sauver un prévenu. Le 8 novembre 1794, il comparut enfin devant le tribunal révolutionnaire, et fut acquitté à l'unanimité. Replacé à la tête des armées des Alpes et d'Italie le 3 mars 1795, il continua les opérations avec des chances diverses. Rappelé à Paris, le 4 septembre 1797, Kellermann fut chargé de mettre en état de siège la ville de Lyon où s'étaient manifestés des mouvements royalistes. L'année suivante, il fut préposé à l'organisation de la gendarmerie, puis, le 23 septembre 1798, nommé inspecteur-général de la cavalerie.

Kellermann était membre du bureau militaire établi près du Directoire, au moment de la révolution du 18 Brumaire. Il fut appelé le premier au Sénat conservateur dont il obtint la présidence le 2 août 1801. Le 2 juillet de l'année suivante, il fut élu membre du conseil d'administration de la Légion d'honneur, et décoré du cordon de grand-officier de cet ordre. En mars 1804, il fut compris dans la première promotion de maréchaux, et quelques jours après pourvu de la sénatorerie de Colmar. Au commencement de la campagne d'Allemagne, le maréchal Kellermann fut nommé commandant du 3e corps de réserve sur le Rhin, et chargé de la ligne de défense entre Bâle et Landau.

Il organisa alors les gardes nationales dans les départements du Rhin. Le 1ᵉʳ février 1806, il fut fait grand'aigle de la Légion d'Honneur. En 1806 et 1807, il eut le commandement en chef de l'armée de réserve du Rhin, et l'empereur qui venait de le nommer duc de Valmy, le dota du riche domaine de Johannisberg, qui, plus tard, a été donné par l'Autriche au prince de Metternich. Il obtint en 1808 le commandement de l'armée de réserve d'Espagne; puis, en 1809, celui du corps d'observation de l'Elbe et de la Meuse-Inférieure. En 1811, il présida le collège électoral du Haut-Rhin. Pendant la campagne de Russie, Kellermann rappelé sur le Rhin, reprit le commandement des armées de réserve avec le gouvernement militaire des pays de Berg, Hesse, Darmstadt, Wurtzbourg, Francfort et Nassau. Vers la fin de 1813, il commanda les 2ᵉ et 3ᵉ divisions, dont le chef-lieu était Mayence. Durant toute la campagne de 1813 il fut chargé d'organiser en *colonnes de marche* les troupes que Napoléon levait en France, et le 31 octobre il prit le commandement de toutes les réserves à Metz.

Le 1ᵉʳ avril 1814, Kellermann était à Paris, où il vota comme sénateur la déchéance de l'Empereur. Il fut nommé, le 22 avril, commissaire du roi Louis XVIII dans la 3ᵉ division militaire à Metz, créé, le 4 juin, pair de France et grand-croix de l'ordre de Saint-Louis, et envoyé peu après à Strasbourg, comme gouverneur de la 5ᵉ division. Il resta sans fonctions pendant les Cent-jours; après le retour du roi, il reprit sa place à la chambre des pairs. Depuis cette époque, passant la plus grande partie de l'année à sa maison de campagne de Soisy-Montmorency, il se fit peu remarquer. Kellermann est mort à Paris, le 12 septembre 1820 à l'âge de 86 ans.

ANT. MEYER, PHOTOG. COLMAR   DÉPOSÉ

METZGER, Jean-Ulric

METZGER, Jean-Ulric

Fils de J.-U. Metzger, médecin-physicien, est né le 26 septembre 1752, à Colmar. Sa famille, établie dans cette ville depuis plusieurs générations, y avait droit de bourgeoisie. Au sortir des études classiques, le jeune Metzger alla étudier la théologie à Thubingen, qu'il quitta pour venir faire son droit à Strasbourg. De là, il entra chez le procureur au Conseil souverain d'Alsace, M. Braconnot, à Colmar, où il eut pour collègue Reubell. Ce stage laborieux lui permit de pénétrer à fond les lois et les privilèges de la province, ainsi que l'histoire de ses villes. Mais dès lors déjà, il s'occupait d'agriculture, avec un esprit d'initiative digne de remarque. Ses divers essais agronomiques furent couronnés d'un plein succès, et ses expériences prouvèrent la possibilité d'introduire dans la Haute-Alsace la culture des vers-à-soie et celle de la garance. Ses efforts tendaient en même temps à faire supprimer les jachères et à étendre, à perfectionner l'élève du bétail, en créant des prairies artificielles. Il inaugura la culture du trèfle, mais son exemple ne commença à être suivi qu'à l'époque du partage des Communaux et du morcellement des domaines nationaux, où le besoin d'utiliser les terres longtemps délaissées fit comprendre la nécessité de renoncer à la vieille routine et de mettre à profit les procédés nouveaux.

La considération que lui valut son intelligente activité le fit entrer, en 1784, dans la magistrature de Colmar, comme conseiller. Deux ans après, il était nommé Stettmeister-adjoint. Lors de la formation de l'Assemblée provinciale d'Alsace, en 1787, il devint membre du bureau intermédiaire pour le district de Colmar.

Metzger salua l'aurore de la Révolution avec enthousiasme, mais il sut se garder de tout excès et n'employa son influence et ses conseils qu'à amortir l'effet des secousses qui ébranlèrent son pays natal. Il fut successivement membre du Directoire départemental, en 1791, et député suppléant à l'Assemblée nationale. Il tomba un instant en disgrâce, mais nous le retrouvons, dès la fin de 1792, juge suppléant du tribunal civil et notable de la municipalité. Il prit une part très active à la fondation de la Société populaire, et parvint à y faire quelque bien en empêchant le mal. Un jour, qu'après un vote d'élargissement de prisonniers, la salle d'actes du Collége, où se réunissait la Société, retentissait d'applaudissements et de cris de joie, un membre bourru se plaignit de ces démonstrations bruyantes : « Il est bien permis de rire, riposta Metzger, indigné, quand on rend la liberté à tant de malheureux! » Lorsque les deux représentants Hentz et Goujon, prenant prétexte de troubles survenus à Hesingen et à Rouffach, firent transporter, en 1794, les ecclésiastiques et les instituteurs du pays à Besançon, il parvint, à force de sollicitations, à sauver de cette proscription les pasteurs protestants de l'arrondissement de Colmar. Peu de temps après, dans les premiers jours de thermidor an II, la ville reçut la visite de trois émissaires de Robespierre. Nos terroristes ne trouvèrent rien de mieux que de décider le transfert des principales notabilités du département à Besançon, pour les y faire mitrailler. Leur projet fut heureusement éventé, et la Société populaire en eut connaissance la veille du jour où il devait être exécuté. L'inquiétude, la consternation étaient générales. Metzger se rendit aussitôt auprès du Directoire, et ses représentations énergiques en obtinrent l'ordre de faire arrêter les agents pendant la nuit. Les portes de la ville furent fermées avant l'heure accoutumée, mais les trois commissaires, avertis à temps du danger qui les menaçait, s'échappèrent en escaladant le mur d'enceinte. On ne les revit plus à Colmar.

Metzger rendit à la ville un service plus signalé encore, en faisant rebrousser chemin à Euloge Schneider sur la frontière du département. Le proconsul, auquel ses cruautés ont acquis une si triste célébrité, trouvait que les autorités agissaient trop lâchement dans le Haut-Rhin. Il pensa aller de sa personne y essayer ses instruments favoris : l'armée révolutionnaire et la guillotine. Quand les représentants de la province à la Convention furent instruits de ce dessein, l'un d'eux, Ritter, se porta au sein du comité du Salut public, et, s'adressant à ses membres, leur dit d'un ton qui n'admettait aucune réplique : « J'ai appris que Schneider allait se rendre dans le Haut-Rhin. Sachez que s'il touche à la tête d'un seul de ses habitants, mon poignard en fera justice sur vous! » Schneider ne s'en mit pas moins en route. Le danger était imminent. Chargé de le conjurer, Metzger alla au-devant du redoutable accusateur public. Il le rencontra à Schlestadt. Comme il avait eu avec lui des relations amicales lors de la formation de la Société populaire de Colmar, il s'avança vers lui et lui demanda s'il le reconnaissait. Sur la réponse affirmative de Schneider, il lui représenta l'inutilité de sa démarche, en protestant avec chaleur du patriotisme des habitants du Haut-Rhin. Schneider hésita longtemps, puis, il tourna bride, alla à Barr, où il prit femme par réquisition, et de là à Strasbourg, où il fut arrêté. Le département fut ainsi préservé des fureurs de cet allemand immigré.

Metzger reprit, en 1794, sa place au district de Colmar, fit partie de l'administration centrale, en 1795, et remplit différentes missions. Le gouvernement français le chargea de négocier la réunion de Mulhouse à la France, et de régler les détails du traité qui se signa le 28 janvier 1798. Ce fut lui qui reçut les clefs de la ville au nom de la France, lors de la fête de la réunion, le 15 mars de la même année.

Elu membre du Conseil des Cinq-Cents, Metzger entra, après le 18 Brumaire, dans le Corps législatif, où il resta jusqu'en 1805. Il exerça dans cette situation une grande influence sur l'organisation de l'Eglise protestante. Nommé, en 1805, directeur des Droits réunis, il exerça ces fonctions pendant quatre ans, pour se retirer ensuite dans la vie privée. Son passage aux Droits réunis lui avait fait des ennemis, qui lui gardèrent rancune plus longtemps que de raison. Au mois d'octobre 1833, les vignerons du faubourg de Bâle et des environs de la rue Turenne, irrités de certaines prétentions de la régie, s'en vengèrent sur l'habitation de Metzger et la dévastèrent. On fut obligé de faire venir en ville un renfort de troupes pour rétablir l'ordre, et la garde nationale, qui n'avait pas voulu dans cette circonstance prêter main-forte à l'autorité, fut licenciée pour un an. Metzger fut vivement affecté de ces violences; elles ébranlèrent sa santé et hâtèrent sa mort, qui arriva le 25 février 1836.

REBER, Napoléon-Henri

REBER, Napoléon-Henri

Compositeur, professeur au Conservatoire et membre de l'Institut, occupe une place spéciale dans l'histoire de l'art au XIXe siècle, par la tournure de son talent et par le caractère de sa physionomie. Son culte passionné pour Haydn, Mozart, Beethoven, joint à une admiration profonde pour nos vieux maîtres français, a rempli son existence : il a pensé et écrit comme eux, non sans originalité propre, et s'est tenu avec dédain en dehors des innovations et des audaces de l'école moderne. Sa musique, claire, limpide, facile, d'une naïveté gracieuse, mais d'une distinction suprême, où ne font défaut ni les nobles inspirations ni les phrases d'un grand caractère, appartient au répertoire classique. Il a laissé l'exemple d'un purisme à toute épreuve et d'une probité de style rare de nos jours. Jamais Reber n'a transigé avec ses convictions pour obtenir l'approbation de la foule : modeste au dernier chef, il abhorait le bruit, s'effarouchait de la publicité et fuyait les honneurs avec autant d'inquiétude que d'autres en éprouvent à les poursuivre. Il ne comprenait pas qu'un artiste cherchât dans son art un autre but que cet art lui-même. Fidèle à ses affections, immuablement cantonné dans la sphère de ses goûts, il a vécu en délicat et dédaigné la popularité, qui, malheureusement, s'en est bien vengée. Au physique, Reber était bien l'homme de sa musique. Bien qu'il n'y eût jamais la moindre affectation dans sa conversation ni dans sa personne, a dit de lui Saint-Saëns, son esprit volontiers tourné vers le passé, l'urbanité exquise de ses manières évoquaient l'idée des temps disparus; ses cheveux blancs semblaient poudrés, sa redingote prenait des airs d'habit à la française; il semblait que, oublié par le XVIIIe siècle dans le XIXe, il s'y promenât en flânant comme aurait pu le faire un contemporain de Mozart, étonné et quelque peu choqué de notre musique et de nos mœurs.

Reber est né à Mulhouse, le 21 octobre 1807. La volonté formellement exprimée de ses parents le destinait à l'industrie, et ses premières années s'écoulèrent dans l'apprentissage ardu de cette carrière, plus lucrative, à coup sûr, que celle de l'art, mais absolument dépourvue de charme pour un jeune homme épris de l'idéal. Le démon de la musique le possédait tyranniquement, et toutes les heures qu'il pouvait dérober aux sciences, il les consacrait à sa flûte et à son piano, instruments sur lesquels il n'a jamais été, d'ailleurs, qu'un fort médiocre virtuose; bientôt même il s'attaqua aux traités de composition, qu'il lut et relut avec acharnement. Mais il ne tarda pas à se convaincre que ces études solitaires, auxquelles il ne pouvait que furtivement donner quelques instants de ses journées, étaient insuffisantes pour le mener au but qu'il rêvait. Et sa répulsion pour l'industrie augmentait de jour en jour ! Son désespoir lui inspira une résolution héroïque : il rompit avec le passé, quitta l'Alsace et s'en fut à Paris, demander au Conservatoire un enseignement sûr et fécond entre tous. A l'âge de vingt et un ans, il entra dans la classe d'harmonie de Reicha, alors tenue par les répétiteurs Seuriot et Jehlensperger, et, deux ans plus tard, il fut admis dans la classe de composition de Lesueur. En dépit de son amour pour l'art et du talent dont il fit preuve dans la suite, Reber fut loin d'être un brillant élève. Il concourut sans succès pour le prix de fugue en 1829 et en 1830 ; rayé, en 1830, de la liste des élèves de contre-point et de fugue, il quitta de la même façon la classe de composition et le Conservatoire en 1832. Dès lors, il donna plein essor à son génie et se livra en toute liberté à la composition.

On trouve dans la *Biographie universelle des musiciens*, de Fétis, et dans son *Complément et supplément*, par A. Pougin, le catalogue à peu près complet des ouvrages de Reber.

S'il produisit au théâtre des œuvres de valeur, Reber devra surtout sa gloire à ses productions instrumentales. Sa musique de chambre contient des pages de tout premier ordre. Ses quatre symphonies l'emportent sur tout ce que l'on avait écrit dans ce genre en France avant lui. Inspirées par les chefs-d'œuvre du siècle dernier, mais dégagées de la raideur scholastique et pures de toute imitation servile, elles accusent un style nouveau. Elles sont pleines d'originalité, d'une grande richesse d'idées, et se distinguent par leur grâce et leur concision. Ces symphonies ont été exécutées aux concerts de la Société de Sainte-Cécile, créée à l'instigation de Reber par son ami Seghers, et l'une d'elles a été entendue au Conservatoire. Rien n'égale le charme et la simplicité de ses mélodies. Quant à ses morceaux pour piano seul ou pour piano et violon, il en est qui seraient dignes de porter la signature des grands maîtres.

Le ballet *le Diable amoureux*, dont Reber écrivit la partition en collaboration avec Benoist, fut représenté avec grand succès à l'Opéra, le 23 septembre 1840. Et cependant ce fut à l'âge de 40 ans seulement, que le maître alsacien vit s'ouvrir pour lui les portes de l'Opéra-Comique. La *Nuit de Noël* y eut une première et dernière représentation le 11 février 1848. Le public, absorbé par les évènements du jour ne prêta aucune attention à cette œuvre exquise, composée sur un poëme d'ailleurs très médiocre de Scribe. Reber se releva de cette chute par un triomphe : le *Père Gaillard*, joué sur la même scène, le 7 septembre 1852, fut honoré de cette popularité si difficile à atteindre, que consacrent les orgues de barbarie. *Les Papillotes de M. Benoist*, données le 28 décembre 1853, n'ont pas moins de mérite que l'œuvre précédente, et ne furent pas moins goûtées. Tout autre fut le sort des *Dames capitaines* (3 juin 1857), sort bien immérité si l'on a égard aux qualités de la partition ; mais le livret, tissu d'invraisemblances, n'était pas supportable. Du naufrage émerge une « ronde de nuit » qui restera le type des morceaux de ce genre. Reber a encore écrit pour l'Opéra un grand ouvrage, intitulé *Naïm*, qui ne fut pas représenté, mais dont l'ouverture a été jouée dans les concerts.

Reber est entré à l'Académie des beaux-arts en 1853, en remplacement d'Onslow. Appelé au Conservatoire pour succéder à Colet, comme professeur d'harmonie, le 1ᵉʳ juin 1851, il fut chargé, en 1862, d'occuper la chaire de composition musicale, laissée vacante par la mort d'Halévy. En 1871, il a été nommé inspecteur des Conservatoires de province. Le professorat lui fut sacré ainsi qu'une paternité. Il confirmait ses leçons par son exemple, et l'inflexible droiture de son talent et de son caractère lui attirèrent de chaudes et ferventes sympathies : il eut une église parce qu'il avait une religion. Reber a résumé ses leçons dans un *Traité d'harmonie*, qui est peut-être ce qu'il a écrit de plus parfait. Cet ouvrage, d'une clarté et d'une précision admirables, fait loi au conservatoire.

Décoré de la légion d'honneur en 1854, Reber a été promu officier le 4 août 1870. Il est mort le 24 novembre 1880, et a été inhumé au cimetière de l'Est à Paris.

ANT. MEYER, PHOTOG. COLMAR   DÉPOSÉ

SCHUTZENBERGER, Louis

SCHUTZENBERGER, Louis

Né à Strasbourg le 8 septembre 1825, est le fils aîné du brasseur Schutzenberger, propagateur très connu de bon nombre d'utiles et hardies innovations. Ceux des buveurs de bière qui, vers 1833, venaient, — dans la rue des Balayeurs, — s'asseoir sous les grands arbres de la brasserie de la *Patrie*, ont gardé le souvenir d'un petit bonhomme qui, armé d'un morceau de craie, (dérobé aux joueurs de cartes), reproduisait sur les ardoises et sur les tables, non seulement les chevreuils, les lièvres, les perdrix empilés sur le sol,... en ces heureux temps de chasses miraculeuses,... mais encore les chasseurs qui les avaient abattus et qui s'extasiaient, à qui mieux, de la fidélité de ces reproductions enfantines. Ce dessinateur précoce était Louis Schutzenberger, alors âgé de huit ans. Au nombre des habitués de la maison était le peintre Guérin; il prenait grand plaisir à ces essais naïfs et insistait, près du père de l'enfant, pour qu'il encourageât ce qu'il regardait comme une véritable vocation. M. Schutzenberger, — lui-même très ami des arts, — céda à ces conseils, et Louis devint l'élève de Guérin. C'est dans son atelier qu'il reçut les premières notions du dessin. Le maître entoura de soins assidus le jeune artiste qu'il avait pressenti. Il versa en lui son évangile : son respect pour la correction du dessin, pour l'anatomie, pour les lois de la perspective, et toute la carrière de Schutzenberger se ressentit de cette éducation classique.

En 1842 Guérin engagea son élève à se rendre à Paris. Il y arriva à 17 ans et entra dans l'atelier de Delaroche qui représentait alors, en peinture, cet éclectisme que Cousin s'efforçait d'introduire dans la philosophie. On sait que lorsque Delaroche fit son grand voyage en Italie, son atelier passa sous la direction de Gleyre, tout à la fois idéaliste et néogrec. L'attitude de l'Institut, — à cette époque maître absolu et attardé de l'Ecole des Beaux-Arts, — vis à vis de cette jeune et vaillante phalange, éloigna des grands concours de Rome des hommes qui s'appelaient Gérôme, Brion, Schutzenberger, Lix, Hamon, Toulmouche et tant d'autres encore... peu disposés, à coup sûr, à se jeter dans les excès. Ils se consolèrent de ce manque de bienveillance par leurs succès et par le charme de la plus douce et de la plus fidèle intimité.

D'autres ont conté — bien mieux que nous ne pourrions le faire, — l'histoire de cette Boîte à thé de la rue Notre-Dame-des-Champs où ils vivaient en commun, visités par tous ceux qui s'occupaient de peinture et d'où, pendant quinze ans, sortirent tant de chefs d'œuvre qui furent la gloire de nos expositions. L'amitié dont Gleyre honora Schutzenberger eut, sur sa vie d'artiste, une influence ineffaçable. Notre compatriote a considérablement produit, et l'un des côtés remarquables de cette fécondité c'est la facilité avec laquelle il a abordé tous les genres. Outre ses grands tableaux d'histoire et ses académies, il nous a donné de nombreux paysages dans lesquels il a reproduit les rives du Rhin avec une rare fidélité et un grand sentiment. Ces paysages ont un cachet qui les ferait reconnaître entre mille. On sent, en regardant ces études, que notre artiste est né en Alsace, qu'il a longtemps, patiemment observé cette belle contrée. On retrouve le chasseur et le pêcheur des îles dans les détails charmants répandus sur ces toiles brossées avec une incroyable rapidité; on devine qu'il a vécu cette vie des bois qu'il a reproduite avec le double attachement de l'artiste et de l'enfant du pays.

Il a peint le portrait avec le même bonheur, avec la même facilité d'exécution; bon nombre de ces toiles, et notamment le portrait de son père, ont été goûtées par le public et sont vraiment tout à fait remarquables. C'est que L. Schutzenberger n'est pas seulement un excellent dessinateur, mais encore — et à propos — un coloriste charmant. Beaucoup de ses paysages étincellent de lumière, ceux surtout où il a reproduit ces coteaux plantés de vignes, derniers contreforts de la haute chaine des Vosges, au pied de laquelle ils viennent expirer, comme une vague dorée, avec toutes les splendeurs dont les pare l'automne. Les chairs des personnages de ses tableaux d'histoire et de ses portraits sont, elles aussi, finement modelées, pleines de relief, et révèlent tout le soin qu'a pris le peintre à étudier les jeux de l'ombre et de la lumière. Les récompenses, du reste, n'ont pas manqué à notre artiste. Il obtint à 23 ans sa première médaille. Depuis, il en a reçu bon nombre d'autres et fut nommé chevalier de la Légion d'honneur en 1870, à la suite du salon, auquel il avait exposé une baigneuse maintenant en Hollande.

Le premier tableau qui appela sur Schutzenberger l'attention portait pour titre : *Les vierges folles*, composition peut-être inspirée par ces statues étranges qu'on voit au portail de la cathédrale de Strasbourg et qui avaient frappé l'enfance du peintre. Ce début, récompensé par une médaille, fut à la fois pour lui un succès et un encouragement. Son *premier astronome* est un sujet bien choisi et qui fait penser : par une de ces nuits lumineuses... comme en a seul l'Orient, un pâtre debout contemple les étoiles; son chien et son troupeau se sont endormis à ses côtés, son feu, qu'il a négligé pour la contemplation, jette sa dernière lueur... *Charlemagne apprenant à écrire* est aussi une excellente toile. Le vainqueur des Saxons subit impatiemment la leçon du jeune moine qui, respectueux et placide, guide la rude et puissante main de l'Empereur. *Les Alsaciens émigrant en France* sont une page touchante et émue de la douloureuse époque de 1871. Ajoutons et citons encore *La danse grecque*, achetée par l'Etat et placée au Luxembourg: c'est un des succès les plus incontestés du maître. *Marie Stuart sur le bord de la mer*, elle aussi, une autre page émouvante. Puis un essaim de *baigneuses* dans toutes les attitudes... et chastes cependant malgré leur complet déshabillé. Le bombardement a détruit, au musée municipal de Strasbourg, l'excellente toile intitulée *Pygmalion et sa statue*, que nous ne saurions assez recommander à l'artiste de reproduire de nouveau. Des tableaux de *centaures* (dont l'un est placé au Luxembourg); un *Giorgione*, dans la manière des peintres vénitiens; *Les sept péchés capitaux* et bien d'autres productions ont figuré tour à tour, avec succès, dans nos expositions. Enfin Schutzenberger a été chargé d'exécuter des peintures décoratives à l'Hôtel-de-ville de Strasbourg et à celui de Reims.

On a reproché à notre peintre de ne s'être pas voué à une spécialité comme l'ont fait tant de maîtres avec honneur et profit. Nous répondrons à cela qu'il n'est pas donné à tous d'aborder tous les genres et que l'indépendance de son caractère aussi bien que son talent l'ont entraîné dans une voie que d'autres n'ont pas suivie par impuissance peut-être. Ses allures un peu frondeuses et la brusque franchise de ses appréciations lui ont parfois nui auprès des critiques habitués à plus de condescendance de la part de ceux dont ils se constituent les juges infaillibles, mais il n'est pas moins, et à bon droit, l'un de nos artistes les plus loyaux, les plus sympathiques, usant de ses relations personnelles au profit de ses amis et jamais pour lui-même.   v.

FREPPEL, Charles-Émile

FREPPEL (Mgr. Charles-Emile)

Évêque d'Angers, n'est pas de ceux qui ne se recommandent à l'attention que par des titres ou par une haute situation. Sans doute, la fortune en a fait *quelque chose*, mais son caractère, non moins que son talent d'écrivain et son éloquence en font avant tout *quelqu'un*. Comme auteur, il laissera une œuvre capitale : l'Histoire des Pères de l'Eglise aux trois premiers siècles ; comme évêque, il s'est placé hors de pair par l'ardeur de son zèle et la puissance de ses ressources ; et à considérer l'homme politique, si l'on peut ne pas partager ses préférences, qui n'admire son patriotisme ?

Mgr. Freppel est né le 1er juin 1827, à Obernai. Il fit ses premières classes au collége communal de cette petite ville, où son père était greffier de la justice de paix ; et, comme il se destinait à l'état ecclésiastique, alla de là au petit séminaire de Strasbourg, étudier la rhétorique et la philosophie, puis, bachelier à l'âge de 17 ans, entra au grand séminaire. Le jeune Freppel fut ce que l'on appelle vulgairement un piocheur ; ses contemporains nous le montrent frêle et pâle, mais doué d'une volonté tenace ; courbé nuit et jour sur les saintes Ecritures, il se préparait aux luttes futures par des efforts excessifs. Il est presque incroyable, dit l'un d'eux, qu'un jeune homme ait pu écrire autant en quatre années ! Ses immenses cahiers de notes du séminaire lui ont beaucoup servi depuis.

A l'âge de 21 ans, il fut nommé professeur au petit séminaire. Pendant les deux ans qu'il y passa, une discussion s'éleva entre M. Maret et M. Borretty, directeur des *Annales philosophiques*, sur le rationalisme et le traditionalisme chrétiens. L'abbé Freppel ne craignit pas de se mêler à cette joûte entre les deux sommités philosophiques. Il écrivit six ou sept articles qui le signalèrent à l'attention de Mgr. Sibour, archevêque de Paris, et lui valurent d'être appelé à l'Ecole des Hautes-Etudes, pour suppléer M. Beautain dans la chaire de philosophie (1850). Le jeune professeur occupa ses loisirs à suivre les cours de la Sorbonne, où il gagna les grades de bachelier et de licencié en théologie. Au bout de deux ans, Mgr. Ræss le rappela pour le mettre à la tête du collége de Saint-Arbogast, à Strasbourg. Sous l'habile direction de M. Freppel, cet établissement prit un grand essor, mais on dit qu'il y laissa régner un esprit d'indépendance qui déplut en haut lieu, et qui fut cause de sa disgrâce. Envoyé comme humble vicaire dans une modeste paroisse, l'ancien suppléant de M. Beautain à l'école des Carmes de Paris hésitait, lorsqu'on annonça un concours ouvert dans la capitale pour la nomination des chapelains de Ste-Geneviève. Ses irrésolutions cessèrent : il alla concourir, fut nommé troisième, et prit place au nouveau chapitre. Il se voua dès lors à la chaire et fit, les dimanches, des conférences au Panthéon, pour la jeunesse des écoles. Plus tard, douze de ces discours, prononcés en 1854, mais retouchés par leur auteur, ont paru sous le titre de *Conférences sur la divinité de Jésus-Christ*. Ses travaux de la vie publique ne lui firent pas négliger ses études privées, et il se fit recevoir docteur en théologie. Il fut peu après chargé du cours d'éloquence sacrée dans l'antique Sorbonne, et quand la chaire fut devenue vacante par la mort du titulaire, il l'occupa comme professeur.

Ses leçons, consacrées aux Pères de l'Eglise des premiers siècles, ont été imprimées et forment onze volumes in-8°, dont voici les titres : les *Pères apostoliques et leur époque* (1859 et 3ᵉ édit. 1870); les *Apologistes chrétiens au IIᵉ siècle* (1860, 2ᵉ édit. 1870); *St.-Irénée et l'éloquence chrétienne dans la Gaule aux deux premiers siècles* (1861); *Tertullien* (1864, 2 vol.); *St.-Cyprien et l'Eglise d'Afrique au IIIᵉ siècle* 1865, 2ᵉ édit. 1873); *Clément d'Alexandrie* (1865, 2ᵉ édit. 1875); *Origène* (1868). Il publia également pendant cette période l'*Examen critique de la vie de Jésus de M. Renan* (1862, in-8°), qui est peut-être la réfutation la plus sérieuse de ce livre fameux, et qui eut de nombreuses éditions tant en France qu'en Allemagne, en Angleterre et en Italie; l'*Examen critique des apôtres de M. Renan* (1866, in-8°), quelques discours détachés, comme le *Panégyrique de Jeanne d'Arc*, prononcé à Orléans (1860, in-8°); l'oraison funèbre du cardinal Morlot (1863, in-8°). On parle aussi d'un oratorio sur la vie de sainte Geneviève, dont M. Freppel aurait écrit le libretto, et Gounod la musique.

Plus tard il ajouta à cette liste ses *Oeuvres oratoires* (1869-74, 3 vol. in-8°); ses *Oeuvres polémiques* (1874, in-8°); l'*Eglise et les ouvriers* (1876, in-8°); *Les devoirs du chrétien dans la vie civile* (1876, in-8°); l'*Oraison funèbre de Mgr Fruchaud, archevêque de Tours* (1876, in-8°), etc., etc.

M. Freppel prêcha le carême à la chapelle des Tuileries, en 1862. Il fut nommé, sur la proposition de Mgr Darboy, doyen de Sainte-Geneviève en 1867 — il était déjà chanoine honoraire de Notre-Dame-de-Paris — et fait chevalier de la Légion d'honneur, le 15 août 1868. En août 1869, il fut appelé à Rome pour prendre part, comme consulteur, aux travaux préparatoires du Concile œcuménique. Nommé évêque d'Angers, le 27 décembre de la même année, il fut préconisé le 21 mars 1870, et sacré à Rome, le 18 avril suivant.

Mgr Freppel apportait déjà dans ses nouvelles fonctions l'esprit ardent et laborieux qu'il avait toujours manifesté, lorsque la guerre éclata. En face des malheurs de la patrie, le prélat se redressa: il invita tous les séminaristes de son diocèse à prendre les armes, et ils partirent. Plus tard il protesta, dans une lettre d'une amère éloquence, contre l'annexion. Aux élections complémentaires du 2 juillet 1871 pour l'Assemblée nationale, Mgr Freppel fut porté comme candidat sur la liste de l'Union conservatrice, mais il échoua avec 68,357 voix. Il fut en 1872 et en 1873 l'un des organisateurs les plus actifs des pèlerinages à Paray-le-Monial, au Puy, etc. Il entra le 4 juin 1873 au Conseil de l'Instruction publique, et déploya beaucoup de zèle pour les intérêts de l'enseignement religieux et la répression des tendances laïques dans les écoles primaires. Après le vote de la loi sur la liberté de l'enseignement supérieur, il fonda à Angers une Université libre et en régla lui-même la discipline intérieure. La lettre qu'il adressa à Dufaure, le 25 janvier 1879, pour lui demander la répression du *Siècle*, qui signalait les magistrats suspects d'opinion bonapartiste et cléricale, souleva dans le conseil des ministres des débats très vifs entre Dufaure et Mac-Mahon, et ne fut pas étrangère, dit-on, à la démission que ce dernier donna cinq jours plus tard. L'éloge de Lamoricière, qu'il prononça en octobre 1879, fit non moins de bruit. Le 6 juin 1880, la 3ᵉ circonscription de Brest envoya Mgr Freppel, avec 3000 voix de majorité, à la Chambre des députés, où il siège actuellement encore. Nul n'ignore les accents superbes qu'il trouve dans son âme de patriote chaque fois que l'honneur du drapeau est en jeu. C'est lui qui, naguères, a été appelé à l'honneur de prononcer l'oraison funèbre de l'amiral Courbet.

ANT. MEYER, PHOTOG. COLMAR   DÉPOSÉ

JOSUÉ HEILMANN

HEILMANN, Josué

L'INVENTEUR génial qui, par ses découvertes, a tant contribué à l'avancement de l'industrie cotonnière en Alsace, est né à Mulhouse le 19 février 1796.

Il manifesta dès l'âge le plus tendre un goût très prononcé pour la mécanique, et souvent ses parents et ses condisciples eurent l'occasion d'admirer ses précoces essais. Mais son père voulait faire de lui un négociant, et, en 1809, il l'envoya dans l'institut Pestalozzi à Yverdun. Deux ans après Josué Heilmann commença son apprentissage commercial dans le bureau de ses parents; il alla les continuer, en 1813, à Paris, chez un oncle, et rentra en 1815 dans la maison paternelle, en qualité de caissier et de teneur de livres. Ses parents s'étant décidés, en 1816, à fonder une petite filature de coton, il retourna à Paris pour s'initier aux secrets de cette nouvelle industrie : là Josué Heilmann se sentit dans sa sphère, et au bout d'un an de travail, tant au Conservatoire des arts et métiers qu'à l'établissement Rey, et dans d'autres ateliers de la capitale, il eut, à 22 ans, assez de courage et de capacité pour se charger, à lui seul, de la partie technique de la filature que sa famille montait à Vieux-Thann. Il s'agissait d'une entreprise de 10,000 broches. Le jeune praticien fournit tous les plans, donna toutes les indications, suivit et surveilla en détail l'exécution de toutes les machines, et parvint à faire marcher la fabrique avant 1819. Le 4 décembre 1820, il épousait la fille de M. Jacques Kœchlin. Peu après il conçut l'idée d'établir une fonderie à laquelle il pensait ajouter un atelier de construction. Ce projet ne se réalisa pas, mais Heilmann fit exécuter deux moulins à vent destinés à faire marcher des pompes élévatoires, l'une pour l'irrigation de l'Ochsenfeld, l'autre pour les environs de Mulhouse.

En 1823, il tourna son attention vers le tissage mécanique. Malgré les divers essais que l'on avait tentés depuis son introduction dans le pays, cette industrie restait languissante et sans trouver d'application en grand. J. Heilmann inventa la poulie à rainure, appelée *double excentrique.* « Par les grands progrès qu'il a fait faire au tissage mécanique dès son début, Josué Heilmann, dit un de ses biographes, a rendu un service éminent à l'Alsace. Sans ses efforts soutenus, nous aurions peut-être été devancés par d'autres provinces, et Dieu sait ce qui en serait résulté pour notre industrie cotonnière, qui n'a conservé sa supériorité que grâce aux progrès et à l'avance que le tissage mécanique a pris dès son début dans notre province. » L'amélioration des machines préparatoires pour la filature de coton commença à le préoccuper en 1826. Il existait là une grande lacune à partir des étirages. Heilmann fut un des premiers à s'en apercevoir, et il construisit une machine à faire des bobines de préparation comprimées, appelée *lanterne bobineuse*, invention qui n'eut pas de suite, les bancs-à-broches proprement dits ayant fait leur apparition vers la même époque.

Des revers firent passer dans d'autres mains la filature dirigée par Heilmann à Vieux-Thann. Devenu libre et la tête pleine d'idées, il résolut de ne plus s'occuper que de nouvelles inventions. Du temps qu'il était dans l'établissement Pestalozzi, il avait entendu dire à l'un de ses maîtres : « Si l'on se demandait chaque fois combien cela me rapportera-t-il ? on ne ferait jamais de grandes choses. » Cette parole s'était fortement gravée dans la mémoire de Heilmann et, pour le reste de ses jours elle mit la conscience de l'inventeur à l'aise, en lui permettant de se désintéresser du fruit de ses découvertes.

« On file, on tisse, on imprime à la mécanique, se dit-il un jour : pourquoi n'inventerait-on pas un métier à broder ? » Il mit Madame Heilmann dans son secret, la pria de lui enseigner l'art de broder, commença ses plans, et six mois après il faisait marcher un métier qui brodait avec vingt aiguilles. La machine, frappante de nouveauté et d'idées, n'avait de rapport avec aucune création antérieure : tous les mouvements, toutes les dispositions appartenaient exclusivement à Josué Heilmann. Cette invention excita l'admiration universelle ; elle fut immédiatement adoptée à Manchester et à Saint-Gall. A l'exposition de 1834 le jury central décerna la médaille d'or à Heilmann, qui reçut en même temps la décoration de la Légion d'honneur.

Il inventa un nouveau métier à tisser vertical en 1830, et comprit dans le même brevet un templet mécanique à roulettes. En 1833 il fabriqua une machine à auner et à plier les étoffes et, en 1834, un système de bancs-à-broches à mouvement indépendant pour bobines comprimées, avec les branches des ailettes flexibles. Dans cette invention, il posa le principe sans lequel il n'y a pas moyen de réussir avec les bobines à mèches comprimées.

Vers 1835, Josué Heilmann s'appliqua au tissage des étoffes de soie, et résolut avec son ardeur infatigable le problème de la fabrication par métier mécanique, des étoffes les plus variées. Malheureusement tout le fardeau de l'exploitation qu'il avait organisée à Mulhouse, et qui comptait 120 métiers, reposait sur lui et bientôt, vaincu par des difficultés de tout genre, il abandonna cette entreprise. Il s'associa plus tard aux tentatives faites à Lyon pour tisser à la mécanique le velours de soie, et inventa un métier auquel il renonça également, l'emploi ne répondant pas à son attente.

J. Heilmann avait, antérieurement déjà, agité avec M. J. Bourcart la question du *peignage du coton à longue soie*. En 1843 ils dressèrent un programme et peu de mois après Heilmann produisait des échantillons avec des machines modèles. Ce fut sa dernière création et il mit tous ses soins à la perfectionner. Il consacra les dernières années de sa vie à lui donner l'extension dont elle était susceptible, et dont son génie concevait d'avance les nombreuses applications. Il ne s'agissait pas pour lui d'une simple machine préparatoire pour le coton, mais bien d'un principe nouveau et général de peignage. Cette fois l'inventeur tenait la gloire et la fortune, car sa peigneuse renouvelait de fond en comble, avec un avantage incontestable, l'ancien système de préparation pour chacune des différentes matières textiles dans les arts industriels. Mais ce fut alors aussi que Josué Heilmann mourut. Il souffrait de la poitrine depuis quelques années déjà. Malgré les précautions qu'exigeait sa santé, il crut de son devoir de citoyen d'accomplir avec toute la rigueur possible le service de la garde nationale qui était devenu très pénible à la suite des événements de février. Son état empira promptement et le 5 novembre 1848, il succombait, à l'âge de cinquante-trois ans. Il était arrivé au haut de la montée de son Calvaire !

ANT. MEYER, PHOTOG. COLMAR   DÉPOSÉ

HIMLY, Louis-Auguste

HIMLY, Louis-Auguste

Le savant doyen de la Faculté des lettres de Paris, est né le 28 mars 1823, à Strasbourg, où son père était pasteur de la paroisse française de Saint-Nicolas, et professeur de mathématiques au gymnase protestant. Il entra lui-même dans cet antique établissement scolaire, en 1830, et il en parcourut avec un succès constant toutes les classes, jusqu'au jour où le diplôme de bachelier ès-lettres (1840), lui permit d'aborder les études académiques. Il suivit pendant deux ans les cours de la Faculté des lettres, ainsi que ceux du séminaire protestant de sa ville natale, et subit avec succès, dès 1841, les épreuves de la licence ès-lettres. A ce moment déjà la vocation des études historiques s'était déclarée chez lui. Il alla à Berlin, et, de 1842 à 1843, y profita de l'enseignement de plusieurs savants distingués. Au mois d'août de cette dernière année, il arrivait à Paris et entrait comme maître-répétiteur au Collége Rollin, afin de pouvoir préparer plus à loisir son agrégation d'histoire. En 1845, M. Himly emporta le premier rang au concours entre les candidats à l'agrégation d'histoire et de géographie pour les lycées, et fut en conséquence nommé suppléant, puis, en 1846, professeur titulaire d'histoire et de géographie au Collége Rollin, qu'il ne quitta qu'au moment où il fut appelé, comme chargé de cours, à la Faculté des lettres.

Ces occupations officielles n'empêchèrent pas M. Himly d'étendre le cercle de ses études. En

1846, alors qu'il était déjà professeur, il se faisait inscrire parmi les élèves de l'école des Chartes. Il passa deux ans dans cette savante institution, et sortit premier au concours pour le diplôme d'archiviste-paléographe. Dans la même année il soumettait à ses futurs collègues sa thèse au doctorat, consacrée à *Vala et Louis-le-Débonnaire*. Cette savante monographie sur le fils de Charlemagne et sur l'un de ses principaux conseillers politiques, reste encore aujourd'hui, où l'on a tant écrit sur l'époque carolingienne, un travail remarquable que cite la critique. M. Himly se présentait en même temps au concours pour l'agrégation des Facultés. Il y obtint la première place, comme toujours, et ses brillants examens lui valurent l'honneur d'être immédiatement admis à la Faculté dont il est aujourd'hui le doyen. De 1850 à 1857, il fit à la Sorbonne des cours complémentaires, soit d'histoire, soit de géographie. Ces leçons eurent beaucoup de succès parmi les gens sérieux et firent peu à peu connaître au grand public le jeune professeur alsacien. En 1857, M. Himly fut appelé comme suppléant à la chaire d'histoire ancienne, mais il l'échangea, dès l'année suivante, contre la suppléance de M. Guigniaut, titulaire de la chaire de géographie. Il n'a plus quitté depuis lors cet enseignement, qui n'était pas au début celui qu'il eut préféré, mais qui lui fut imposé par les circonstances et par certaines convenances personnelles. La science de la géographie n'a d'ailleurs eu qu'à se féliciter de ce changement de direction dans les études de notre compatriote. En effet, grâce à l'étendue et à la solidité de son savoir, grâce à la grande variété des sujets qu'il traite dans sa chaire, grâce encore au charme d'une parole qui, sans jamais viser aux effets oratoires, est toujours facile et vivante, M. Himly a notablement contribué à relever l'importance de cette branche des connaissances humaines. Il a eu cette bonne fortune d'entrer dans le haut enseignement au moment précis du merveilleux développement des découvertes géographiques de notre temps, découvertes qui fournirent au talent du professeur et à ses leçons des matériaux d'une richesse sans pareille.

Un décret du 22 novembre 1863 appela définitivement M. Himly à la chaire délaissée par le célèbre historien des *Religions de l'Orient*. Voici donc bientôt trente ans qu'il y professe à des titres divers, mais avec un égal succès. Quand il fut question de remplacer M. Wallon, l'ancien ministre de l'instruction publique, arrivé au terme de son décanat, M. Himly fut proposé au choix du ministre par le suffrage de ses collègues. Il jouit de cette nouvelle dignité depuis le 18 novembre 1881. Les honneurs mérités par une carrière scientifique aussi bien remplie ne lui ont d'ailleurs pas fait défaut. Chevalier de la Légion d'honneur en 1867, il fut promu officier de l'ordre en 1881. Il a présidé la Société de l'Ecole des Chartes en 1869-1870, et, à deux reprises déjà, a occupé la vice-présidence de la Société de Géographie (1873-1874 et 1885-1886). Enfin, le 11 juin 1884, l'Académie des sciences morales et politiques admettait dans son sein notre compatriote, et le titre de membre de l'Institut venait couronner dignement trente-cinq ans de laborieux professorat et de savants travaux.

Les productions de l'éminent professeur de la Sorbonne ne sont malheureusement pas aussi nombreuses que le désireraient ceux qui connaissent son érudition si vaste, son jugement si sûr, et qui ont appris à apprécier sa valeur par ses articles dans la *Bibliothèque de l'école des Chartes*, le *Journal général de l'instruction publique*, le *Bulletin de la Société de Géographie*, la *Revue des cours littéraires*, la *Revue de Géographie* et autres recueils savants. Il est à regretter que M. Himly n'ait jamais consenti à faire paraître en volumes quelques-uns de ces cours si substantiels et si attrayants où il retraçait soit le tableau physique et les destinées politiques de tel pays d'Europe, soit le développement de certaines grandes périodes de l'histoire de la conquête de notre globe par la science ou par la foi. Trop de modestie peut-être, un peu d'indifférence pour les succès littéraires, ont aussi empêché M. Himly de nous donner des œuvres de longue haleine. Cependant la littérature spéciale lui devra un grand ouvrage, vrai modèle des travaux de géographie historique : l'*Histoire de la formation territoriale des Etats de l'Europe*. Les deux premiers volumes, qui traitent de l'*Europe centrale*, ont paru en 1876. Conçu sur un plan original, ce livre fait servir l'histoire du passé à l'intelligence des temps présents, par l'étude de l'action et de la réaction incessantes de la géographie sur l'histoire, et de l'histoire sur la géopraphie. L'érudition profonde de l'écrivain est soigneusement dissimulée dans cet ouvrage : point de notes surchargeant le texte, ni d'appareil critique, mais une science si palpable à travers un style simple et pourtant imagé, qu'elle inspire une confiance absolue au lecteur, et qu'on ne sait ce qu'il faut admirer davantage, ou l'exactitude et la concision calculée du récit ou la finesse d'analyse et la modération du jugement de l'auteur. Une enquête aussi magistrale sur le développement historique et géographique de l'Europe ne saurait rester inachevée, et nous espérons que notre savant compatriote ne nous en fera pas trop longtemps attendre la suite.

SÉE, LÉOPOLD

SÉE, LÉOPOLD

GÉNÉRAL de division, Grand Officier de la Légion d'honneur, Commandeur de l'ordre de Saint-Grégoire-le-Grand, décoré des médailles de Crimée, d'Italie et de Mentana, est né à Bergheim, le 4 mai 1822. A l'âge de dix-huit ans, il entra à l'école de Saint-Cyr (23 octobre 1840). Il y obtint le grade de caporal, le 7 septembre 1841, et en sortit, le 1ᵉʳ octobre 1842, comme sous-lieutenant au 3ᵉ régiment d'infanterie de ligne, alors au camp d'Ivry. Il suivit son régiment à Paris, puis à Strasbourg et à Wissembourg, où il fut nommé lieutenant (7 août 1847), et revint avec lui à Paris en 1848. Le 18 mai 1850, il passait capitaine.

En 1851, le jeune alsacien quitta le 3ᵉ de ligne pour entrer au 1ᵉʳ régiment de zouaves qui se trouvait sous les ordres du colonel Bourbaki, à Alger. Il fit plusieurs expéditions dans l'intérieur des terres, mais en 1854, il lui fallut quitter la terre d'Afrique pour se rendre en Orient avec le premier convoi dirigé sur Gallipoli. Le 21 juillet il fit avec son régiment, attaché à la 1ʳᵉ brigade (Espinasse) de la 1ʳᵉ division d'infanterie (Canrobert), la funeste pointe de la Dobrutscha, qui coûta tant d'hommes au 1ᵉʳ zouaves. Il assista à la bataille de l'Alma, aux opérations du siège de Sébastopol, à la bataille d'Inkermann et à celle de Traktir. Blessé deux fois et cité à l'ordre, il fut décoré le 2 août. Le 8 septembre, il commandait, à l'attaque générale et à la prise de Malakoff, l'un des bataillons d'assaut (tête de colonne). Il y fut blessé, mais son courage, son énergie contribuèrent puissamment au succès de la journée, et il entra l'un des premiers dans la redoutable forteresse. Le 14 du même mois de Septembre, il fut promu au grade de chef de bataillon dans le 96e de ligne. Il revint de Crimée avec ce régiment qui tint garnison d'abord à Marseille, ensuite à Paris.

Le commandant Sée passa en 1858 au 2e régiment des grenadiers de la garde impériale à Versailles. L'année suivante il partit, à la tête de son bataillon, pour la campagne d'Italie. Il fut du glorieux combat de Magenta, pendant lequel le brave régiment dont il faisait partie se distingua par son ardeur à Buffalora, et perdit, sur quatre, trois de ses chefs de bataillon. Nous le retrouvons, en 1863, lieutenant-colonel du 35e de ligne à Lyon (13 août); il avait été nommé Officier de la Légion d'honneur le 26 décembre 1863. En 1867, il fait partie du corps d'occupation des Etats Romains,. et le 22 décembre de l'année suivante, il passe colonel du 65e de ligne, à Valenciennes.

En 1870, la guerre surgit entre la France et l'Allemagne. Le colonel Sée amène son régiment à la 2e brigade (Berger) de la 3e division (de Lorencez) du 4e corps (de Ladmirault), assiste le 14 août à la bataille de Borny, où la brillante conduite du 65e est particulièrement remarquée par le général de Cissey, combat à Gravelotte, et le 18 août se bat à Saint-Privas. Gravement blessé pendant cette dernière action, d'un éclat d'obus qui lui enlève les parties molles de la plante du pied gauche, il est considéré comme invalide par l'ennemi, et obtient de se faire transporter hors des murs de Metz, sans condition aucune. Après deux mois de soins, il n'est qu'imparfaitement guéri; mais le repos lui pèse, tandis que de tous côtés ses frères d'armes luttent contre la fatalité, et il quitte sa chambre de malade pour se mettre à la disposition du gouvernement de la Défense nationale. Il est nommé général de brigade et chargé de l'organisation et de la défense des lignes de Carentan.

Après la guerre, le général Sée prit le commandement de la subdivision de Seine-et-Marne, à Melun, dans la 1re division militaire territoriale, puis, en 1873, le commandement de la 26e brigade d'infanterie (13e division, 7e corps) et de la subdivision de la Haute-Marne, à Langres. Placé, en 1875, à la tête de la 18e brigade d'infanterie (9e division, 5e corps), avec son quartier général à Paris, il fut décoré, le 18 juillet 1876, de la croix de Commandeur de la Légion d'honneur. Il a été promu général de division le 19 février 1880, et pourvu successivement du commandement de la 20e division (10e corps) avec résidence à Saint-Malo, et, le 12 mars 1883, du commandement de la 9e division d'infanterie (5e corps) à Paris. Le général Sée vient d'être, tout récemment, élevé à la dignité de Grand-Officier de Légion d'honneur.

ANT MEYER, PHOTOG COLMAR   DÉPOSÉ

DIETZ MONNIN, Charles-Frédéric

DIETZ-MONNIN
CHARLES-FRÉDÉRIC

Est né à Barr, le 13 septembre 1826. Il fit ses études aux colléges de Strasbourg et de Nancy, et comme il descendait d'une famille appartenant depuis longtemps à la grande industrie cotonnière, il devint industriel à son tour. En 1853 il épousait Mademoiselle Monnin-Japy, et prenait pied dans la maison Japy frères et Cie, propriétaires d'établissements considérables d'horlogerie, de quincaillerie, etc., dans le Haut-Rhin. Dix ans plus tard il entra dans l'association, et prit la direction de la succursale de Paris.

M. Dietz-Monnin s'est particulièrement appliqué à l'étude des questions si complexes que soulèvent les rapports internationaux de l'industrie et du commerce : il les connaît à fond. Aussi, en 1867, fut-il appelé à prendre part, en qualité de membre du jury, aux travaux de l'Exposition universelle. Il y remplit les charges de secrétaire de la classe 94, de secrétaire-adjoint des comités réunis du 10e groupe, et de délégué de la classe 41 (métallurgie).

L'année suivante M. Dietz-Monnin devint juge au tribunal de commerce de la Seine. En 1869, il fut élu président de la Chambre syndicale de la quincaillerie, fonctions dans lesquelles chaque nouveau scrutin l'a maintenu depuis, sans interruption aucune.

Pendant le siège de Paris, la mairie du Xe arrondissement mit à profit ses qualités spéciales d'administrateur pour le charger d'organiser les cantines municipales, qui eurent à nourrir 1700 pauvres pendant quatre mois. En même temps il fondait la Société municipale du travail et présidait le conseil de famille du 24ᵉ bataillon de la garde nationale.

En 1871, M. Dietz-Monnin se présenta aux suffrages des électeurs de la Seine. Il n'obtint que 37,436 voix le 8 février ; mais aux élections supplémentaires du 2 juillet suivant, il en remporta 120,280, et alla siéger au centre gauche. Bientôt après, la grande commission des chemins de fer et la commission parlementaire des Alsaciens-Lorrains le comptaient dans leur sein. On n'a pas oublié le lumineux rapport qu'il déposa en 1874, sur la question des tarifs de transports. Il fut ensuite membre de la commission des finances chargée de préparer l'emprunt de 1875.

Depuis lors, chaque année marque, dans la carrière si laborieuse, mais aussi si brillante de notre éminent compatriote, une nouvelle distinction, un nouveau titre d'honneur. En 1874, il avait été élu conseiller municipal du quartier des Bassins (XVIᵉ arrondissement), En 1875, lui fut confiée, à raison de sa compétence unanimement reconnue en matière d'expositions, la vice-présidence de la commission parlementaire pour l'Exposition du centenaire américain, à Philadelphie. En 1876, il fut choisi comme candidat du centre gauche aux élections sénatoriales, puis envoyé à l'Exposition de Philadelphie, où il fit partie de la section française du jury international pour le 2ᵉ département (produits manufacturiers). A son retour, il présenta un rapport très justement remarqué, et au mois d'août, fut nommé directeur de la section française de l'Exposition universelle de 1878. En 1877, la croix de la Légion d'honneur vint sanctionner les services rendus par lui à Philadelphie. Dans le cours de la même année il fut élu membre de la Chambre de commerce de Paris. Vint l'Exposition universelle de 1878. La collaboration active et dévouée que M. Dietz-Monnin apporta à cette grandiose entreprise, l'habile organisation qui distingua entre toutes la section française, lui valurent d'être promu Officier de la Légion d'honneur ; il fut aussi pourvu du grade d'Officier de l'Instruction publique. Les souverains étrangers surent d'ailleurs également reconnaître ses mérites, et il fut créé coup sur coup Officier de la couronne d'Italie, Officier de l'ordre de Léopold de Belgique, Commandeur de l'ordre de Gustave Wasa (Suède), de l'ordre de François-Joseph (Autriche), de l'ordre du Christ de Portugal, et de l'ordre du Cambodge.

En 1879, un vote de l'Association des voyageurs de commerce décerne à M. Dietz-Monnin le titre de président, qui n'a cessé de lui être conservé depuis. En 1880, nous le voyons membre du comité consultatif des chemins de fer, et, en 1881, membre du conseil de surveillance de l'assistance publique. En 1882, le Sénat lui ouvre ses portes et le fait sénateur inamovible; il devient membre de la commission de l'Exposition d'électricité de Paris, président des comités d'organisation des Expositions de Sidney et de Melbourne, vice-président de la Chambre de commerce. Président, en 1883, du comité exécutif de l'Exposition internationale d'Amsterdam, il est, à la suite du succès de la section française dans cette ville, élevé à la dignité de Commandeur de la Légion d'honneur ; au Sénat il est rapporteur de la loi sur le quatrième titre d'or; au comité consultatif des chemins de fer, il est rapporteur des projets de tarifs concernant la métallurgie et les minerais; enfin le ministre des affaires étrangères l'appelle à la présidence de la commission de la réforme consulaire. L'année 1884 le maintient à la présidence de la Chambre de commerce, le fait président de la section industrielle du Conseil supérieur des colonies au ministère de la marine, président du comité d'organisation de l'Exposition d'Anvers, membre de la commission consultative de l'Exposition universelle de 1889, et le voit fonder la Société d'encouragement pour le commerce français d'exportation, qui est aujourd'hui en pleine prospérité, et envoie tous les ans des jeunes gens à l'étranger pour y fonder des maisons de commerce françaises. En 1885 il est réélu président de la Chambre de commerce; au Sénat, il est chargé du rapport de l'enquête sur le projet de loi relatif aux fraudes commises en matière de marques de fabrique.

Enfin le commencement de l'année présente a déjà été témoin de sa quatrième réélection à la présidence de la Chambre de commerce, et de sa nomination comme membre de la commission de la circulation monétaire.

Outre les distinctions honorifiques que nous avons mentionnées plus haut, M. Dietz-Monnin a été créé, en 1877, commandeur de Saint-Nicolas de Russie; en 1883, commandeur de l'ordre du Lion Néerlandais (Hollande); en 1886, commandeur de l'ordre de Léopold de Belgique.

MOSSMANN, Xavier

MOSSMANN, Xavier

ARCHIVISTE de la ville de Colmar, et l'un des plus méritants parmi les érudits contemporains de l'Alsace, naquit à Colmar, le 5 avril 1821. Quand il eut fini ses classes, il entra comme expéditionnaire à la préfecture du Haut-Rhin. Ces modestes fonctions n'altérèrent en rien le très vif intérêt qu'avait manifesté tout jeune encore le futur historien pour tout ce qui touche au passé de notre province. La découverte de quelques antiquités romaines à Offemont lui fournit l'occasion de ses débuts scientifiques. A la suite d'un compte-rendu sur ces fouilles, publié par lui dans le *Glaneur*, M. Louis Hugot, alors archiviste et bibliothécaire de la Ville, se le fit attacher comme adjoint. Pendant que M. Mossmann cataloguait le dépôt, et s'adonnait avec joie au maniement des vieux livres, il s'essayait à rédiger aussi des articles littéraires pour le *Bulletin de l'Alliance des Arts*, que le bibliophile Jacob publiait alors à Paris. Le premier fruit des recherches alsatiques du jeune aide-bibliothécaire fut la publication de la *Chronique des Dominicains de Guebwiller*, d'après le texte du P. Séraphin Dietler. C'est à cette première période aussi qu'appartiennent certains chapitres de l'*Histoire des villes de France*, d'Aristide Guibert, fournis par M. Mossmann en collaboration avec Emile Jolibois.

Destitué en 1849 pour ses opinions politiques, M. Mossmann se vit obligé d'avoir recours à sa plume pour vivre. C'est alors qu'il songea à publier une *Histoire de Colmar* et prit copie aux archives de sa ville natale d'une série de documents qu'il ne devait utiliser que plus tard. Bientôt cependant l'emploi de secrétaire de la mairie de Bitschwiller lui donna une situation plus assurée, puis il entra comme comptable dans la fabrique Kestner à Thann, où il devait rester une douzaine d'années. Mais M. Mossmann aimait trop la science pour s'en désintéresser. M. J. Liblin ayant fondé en 1850 la *Revue d'Alsace*, il y inséra dans les années suivantes (1851-1854) une série d'articles, relatifs presque tous au passé de Colmar, et dont le plus important est une étude approfondie sur l'histoire de la Réforme dans cette ville. Quelques années plus tard, un dessinateur de talent, M. J. Rothmüller, demanda à l'ex-bibliothécaire de rédiger dorénavant le texte de son *Musée historique et pittoresque de l'Alsace*, fourni d'abord par MM. de Morville et Louis Levrault. Il s'y décida non sans peine. C'est à la plume de M. Mossmann que sont dus les chapitres sur Colmar, Rouffach, Soultz et Guebwiller. Ce travail attira l'attention du grand public sur l'auteur. La Société des monuments historiques d'Alsace le reçut parmi ses membres, et il lui paya son tribut en publiant dans son *Bulletin* ses *Recherches sur l'ancienne constitution de la Commune à Colmar*.

M. Hugot étant mort en 1864, M. Mossmann lui succéda, et voici plus de vingt ans que le nouvel archiviste justifie chaque jour davantage la confiance de la cité qui lui remit alors la garde de cet important dépôt. Une abondante moisson de travaux alsatiques suivit bientôt son installation. L'année 1866 vit paraître *Murbach et Guebwiller, histoire d'une abbaye et d'une commune rurale d'Alsace*, l'*Etude sur l'Histoire des Juifs à Colmar*; l'année 1868, la *Guerre des six deniers à Mulhouse*; l'année 1869, les *Anabaptistes à Colmar, 1534-1535*, et un mémoire sur les *Contestations de Colmar avec la Cour de France, 1641-1645*. M. Mossmann publiait en outre des travaux moins étendus dans le *Bulletin de la Société des monuments historiques*, dans la *Revue de l'Est*, de Metz ; il devenait correspondant de la Société des Antiquaires de France, de la Société industrielle de Mulhouse, correspondant du ministère de l'instruction publique, etc. Déjà aussi il commençait à réunir les premiers éléments de son *Cartulaire de Mulhouse*, l'œuvre capitale de sa carrière.

En 1871 il entreprit la publication de documents isolés, puisés dans les collections confiées à ses soins, et qui finirent par former un volume (*Notes et documents tirés des archives de Colmar.* Colmar 1872, in-8°.) M. Mossmann publia, depuis 1872, une longue série d'importants mémoires. *Mulhouse pendant la guerre des paysans* et les *Scènes de mœurs colmariennes du temps de la guerre de Trente-Ans* parurent dans la *Bibliographie alsacienne* de M. P. Ristelhuber, en 1872 et 1874 ; *Un chef de bandes des guerres de Bourgogne*, dans le *Bulletin de la Société industrielle de Mulhouse*, en 1873. De nombreuses pièces inédites figurent dans les volumes de l'*Alsatia* d'Auguste Stœber, 1873 à 1876. Parmi les contributions à la *Revue d'Alsace* nous signalerons les *Origines de Thann*, les *Matériaux pour l'invasion des Armagnacs*, et surtout le grand travail, intitulé *Matériaux pour servir à l'histoire de la guerre de Trente-Ans*, dont les différentes parties se suivent déjà depuis onze ans (1876-1886). Mentionnons en passant divers articles fournis à la *Revue alsacienne*, pour nous arrêter plus longtemps au *Bulletin de la Société historique de Mulhouse* (1876-1885). C'est là qu'ont paru entre autres, les *Tablettes synoptiques et synchroniliques de l'histoire de la république de Mulhouse*, un *Echec militaire de Henri IV en Alsace*, et les notices biographiques sur Charles Gérard, Georges Stoffel, Frédéric Engel-Dollfus, qui peuvent passer pour des modèles du genre. En 1878 M. Mossmann nous a donné encore un travail sur les

Origines du Théâtre à Colmar, et une seconde édition, considérablement augmentée, de ses *Recherches sur la constitution de la Commune à Colmar*. Une étude sur les *Grands industriels de Mulhouse* (Paris, Ducroq, 1879), un travail de vulgarisation historique et géographique de sa ville natale (*Colmar entre deux trains*, 1883, in-16) ne nous arrêteront pas puisque nous avons hâte d'arriver enfin au couronnement de sa carrière érudite, au *Cartulaire de Mulhouse*, dont le premier volume parut à Strasbourg, en 1883, et dont les deux tomes suivants ont vu depuis le jour. Ils forment dès à présent un ensemble de près de 2000 pages in-4°, réunissant tout ce que M. Mossmann a pu rencontrer de documents sur le passé de Mulhouse, dans les archives de l'Alsace, de la Suisse, de la France et jusque dans celles du Vatican. Grâce à cet ouvrage, on pourra désormais suivre l'histoire de la modeste *villa* carolingienne à travers les siècles, assister au développement de la petite république helvétique, et renouveler la trame usée du récit des vieux chroniqueurs locaux. Le quatrième volume qui va paraître s'arrête à la date de 1515. Cette œuvre magistrale est la plus importante qu'ait abordée, livré à ses propres forces, un savant de notre province, depuis les publications de Schœpflin et de Grandidier. Il faut beaucoup de courage et d'abnégation pour donner vingt ans de sa vie à une œuvre appréciée par un bien petit nombre. Mais aussi, quand on l'a menée à bonne fin, elle vous assure une place d'inamovible parmi les représentants les plus autorisés de l'érudition locale. La récompense d'un si long effort, c'est qu'on n'a plus rien à craindre désormais, ni des caprices de l'engouement public, ni des bouleversements politiques si brusques et si fréquents dans le passé de notre chère Alsace.   Rod. Reuss.

PELLICAN, Conrad

PELLICAN, Conrad-Kürsner

Naquit à Rouffach, vers le 8 janvier 1478, de parents pauvres au point de ne pouvoir lui acheter le petit livre dont on se servait dans l'école de sa ville natale. En 1491, un oncle maternel, Jodocus Gallus, le fit venir à Heidelberg où il suivit seize mois durant des cours de logique et de littérature ancienne. De retour à Rouffach dès 1492, sans doute parce que son oncle trouva son entretien trop onéreux, il y entra dans un couvent de Minorites, afin de pouvoir continuer ses études. En 1496, il passa à Tubingue, où le savant Paul Scriptoris enseignait la philosophie scotiste, expliquait en outre les éléments d'Euclide, etc. Dès alors, Pellican (c'est à Heidelberg que son oncle lui avait fait latiniser son nom, en souvenir de son grand-père qui avait été pelletier) se prit d'une véritable passion pour la langue hébraïque. Un juif converti du nom de Pfedersheiner qui lui fit cadeau d'un manuscrit d'Esaïe, d'Ezéchiel et des douze petits prophètes, Reuchlin qui lui donna la clef de la conjugaison hébraïque, puis enfin un juif espagnol du nom d'Adriani l'aidèrent, chacun pour sa part, à faire des progrès considérables dans sa langue favorite. Aussi composa-t-il, dès 1501, son petit livre *De modo legendi et intelligendi Hebræum*, qui fut la première grammaire hébraïque publiée par un chrétien.

Il reçut, la même année, la prêtrise, bien qu'il n'eût que vingt-quatre ans, et fut nommé, l'année suivante, lecteur de théologie dans le couvent des Minorites à Bâle. C'est là que le légat du Pape lui conféra le grade de licencié en théologie, et promit en même temps de le nommer docteur, dès qu'il aurait atteint l'âge de trente ans. Après mainte pérégrination à Rouen, à Rome, etc., il revint à Bâle en 1519. Il n'y cacha point ses sympathies pour les idées réformatrices de Luther, et y fut nommé en 1523, ainsi qu'Œcolampade, professeur en théologie. Il s'y acquit un renom considérable de science philologique, si bien que lorsque Ceporinus vint à mourir, Zwingle l'appela à Zurich. Après bien des hésitations, Pellican accepta. Il y arriva en 1527 et déposa, pour toujours, le capuchon du moine. Il épousa, à quarante-huit ans, une jeune fille aussi pauvre que lui, ce qui ne l'empêcha pas de recevoir généreusement à sa table de jeunes étudiants qui n'avaient même pas le nécessaire. La ville de Zurich le reçut au nombre de ses citoyens (1541). Il y remplit pendant quinze ans avec distinction les fonctions de professeur de grec et d'hébreu, et aussi celles de bibliothécaire de la ville. Il y mourut en 1556.

Pour résumer les mérites de Pellican, nous dirons qu'il fut avant tout un hébraïsant de grand mérite.

Il est vrai que sa petite grammaire hébraïque est bien imparfaite encore et que le volume de Reuchlin : *Rudimenta*, etc., ne tarda pas à l'éclipser ; elle n'en fut pas moins, à considérer le temps où elle parut, un livre remarquable. Pellican continua d'ailleurs jusqu'à la fin de sa carrière d'étudier la littérature hébraïque postérieure aux temps bibliques et de former, par ses cours, de bons hébraïsants. Son commentaire biblique (*Commentaria bibliorum*, Zuric, 1532-1539) s'étend à l'ensemble des livres qui composent la Bible. Pendant son séjour à Bâle, il fit de son mieux pour pousser l'imprimeur bâlois Adam Petri à réimprimer les écrits de Luther. En 1512, il se déclara contre la transsubstantiation, en 1524 pour le mariage des prêtres, tout en évitant le plus possible de se mêler à des discussions irritantes. Ses biographes s'accordent à lui reconnaître une piété saine, un esprit pacifique, une modestie poussée jusqu'à l'exagération, une grande ardeur au travail. Il exerça l'hospitalité avec un rare désintéressement.

On le voit : Pellican occupe une place à part parmi les hommes dont l'Alsace a le droit d'être fière. Il ne fit pas grande figure dans le monde. En tant que savant il cultiva un petit coin de terre peu recherché par le grand public. Mais il le cultiva consciencieusement et surtout il sut mériter le renom d'un caractère à la fois doux et ferme, d'un homme d'honneur dont la modestie égalait le grand mérite. C'est plus qu'il n'en faut, pour que son nom ait sa place marquée dans nos annales alsaciennes.

AD. SCHÆFFER.

SOURCES. — La source principale à consulter est le *Chronikon*, de C. Pellican lui-même, édité à Bâle, en 1877, par M. Riggenbach, 198 p. Puis, l'article Pellican dans l'excellente *Encyclopédie d'Ersch et Gruber* (Section III, t. 15, p. 226-237. Leipzig, 1841). Article Pellican, dans la *Real Encyclopedie für protestantische Theologie*, publié par Herzog. Gotha. 1859, t. XI. *Item*, dans la seconde édition. Leipzig, 1883, t. XI, article de Strack. — *Encyclopédie des sciences religieuses*, publiée sous la direction de F. Lichtenberger. Paris, 1881, t. X, article de Louis Ruffet. La vie de Pellican a d'ailleurs été racontée, dès 1582, par L. Lavater, puis, en 1717, par C. Hottinger (*Altes und Neues aus der gelehrten Welt;* p. 40 et suiv.).

STOLTZ, Jean-Alexis

STOLTZ, Joseph-Alexis

ÉDECIN, ancien doyen de la faculté de médecine de Strasbourg, doyen et professeur honoraire de celle de Nancy, est né à Andlau, (Bas-Rhin), le 14 décembre 1803, de Jean-Louis Stoltz, ancien officier de santé des hôpitaux et des armées de la République et de l'Empire, et de Sophie Kreyder.

M. Stoltz a commencé ses études classiques à Schlestadt, et les a terminées à Strasbourg, où il prit, immédiatement après, sa première inscription à la faculté de médecine. Il était alors âgé de seize ans.

Dès sa troisième année d'études en médecine, il obtint au concours la place d'aide de clinique. Reçu docteur en médecine en 1826, après avoir rempli différentes fonctions à la faculté, il fut nommé agrégé en exercice, en 1829, à l'âge de vingt-cinq ans, et attaché plus spécialement à la chaire d'accouchement, de maladies des femmes et des enfants, dont Flamant était le titulaire. Flamant étant mort en 1833, sa place fut mise au concours. M. Stoltz l'emporta, après avoir subi des épreuves nombreuses et difficiles. Il reçut l'institution ministérielle en 1834 : il avait alors à peine atteint l'âge de trente ans, âge requis pour le titulariat.

Deux ans après, ses collègues le désignaient au ministre de l'Intérieur pour les fonctions de Président des jurys médicaux de l'arrondissement de la faculté. Il fut maintenu dans ces fonctions jusqu'en 1848. Après la révolution de cette année mémorable, les jurys médicaux furent abolis.

Il avait été nommé chevalier de la Légion d'honneur en 1843, et directeur de l'Ecole départementale d'accouchement en 1846.

Tout en se livrant à l'étude et à la pratique de toutes les branches de la médecine en général, M. Stoltz s'est surtout appliqué à l'étude et aux perfectionnements de la partie de ces sciences qu'il était chargé d'enseigner, et pour laquelle il avait toujours eu une prédilection particulière. Déjà sa dissertation inaugurale roule sur ce sujet ; la plupart de ses publications postérieures ont trait à la même spécialité, qu'il enseignait théoriquement dans les amphithéâtres de la faculté, et pratiquement dans les cliniques de l'hôpital.

En 1867, après la retraite de son collègue, le professeur Ehrmann, il fut nommé Doyen de la faculté, et conserva la haute direction de cette école jusqu'à sa suppression en 1870. L'adjonction à la faculté de Strasbourg de l'école de médecine militaire, immédiatement après sa création en 1856, avait donné à la première une grande importance.

En 1865, M. Stoltz fut nommé Officier de la Légion d'honneur en récompense des services qu'il avait rendus jusqu'alors. Sous sa direction, la faculté de médecine continua à prospérer et elle était arrivée à un lustre auquel elle avait à peine osé espérer d'atteindre, lorsque les événements politiques de 1870 la firent passer en d'autres mains avec notre patrie restreinte d'Alsace-Lorraine. — M. Stoltz opta pour rester citoyen français.

La confiance de ses concitoyens ne s'était pas bornée à l'appeler comme médecin ordinaire ou comme consultant. En 1848, après l'établissement de la seconde République, il fut nommé membre du Conseil général du Bas-Rhin, d'abord pour le canton de Barr, et au bout de trois ans, pour celui de Markolsheim. Cette mission lui fut renouvelée à chaque nouvelle élection, et au moment où l'Alsace fut envahie, elle venait de lui être confiée derechef pour une période de neuf années. Il avait aussi été appelé à siéger au Conseil municipal de la ville de Strasbourg dès l'année 1857, et faisait encore partie de ce conseil pendant le blocus de la ville.

La faculté de médecine de Strasbourg supprimée par la force des événements, il fallut songer à la transférer ailleurs en France. Le doyen et ses collègues crurent préférable d'être fixés dans une grande ville centrale, et ils se décidèrent pour Lyon, comme étant la seconde ville de France. Ils en firent la demande au gouvernement, mais celui-ci avait d'autres vues et paraissait avoir pris des engagements. Après de longs pourparlers on leur désigna Nancy pour leur établissement définitif.

Le 1er octobre 1872, parut une ordonnance du Président de la République qui réorganisa la faculté. M. Stoltz en fut de nouveau nommé directeur ou doyen, en même temps que professeur.

Après avoir donné tous ses soins à l'installation de la nouvelle faculté et avoir continué à la diriger jusqu'en 1879, il demanda sa retraite, qu'il obtint avec les titres de doyen et de professeur honoraires.

En 1877, il avait été promu au grade de commandeur de la Légion d'honneur.

Dans sa longue carrière M. Stoltz a publié un grand nombre de faits intéressants recueillis dans les cliniques des hôpitaux et dans sa pratique particulière. La plupart de ces observations se trouvent insérées soit dans les journaux de médecine dont il a été l'un des promoteurs (*Archives médicales de Strasbourg. — Gazette médicale de Strasbourg*), soit dans ceux de Paris (*Gazette médicale — Union médicale — Mémoires de l'Académie de médecine*), ou encore dans les feuilles de l'étranger, mais surtout dans plus de *cent cinquante dissertations* présentées aux facultés de médecine de Strasbourg, de Paris et de Nancy.

Il a publié en outre plusieurs monographies et un grand nombre d'articles dans les *Dictionnaires des études médicales pratiques* (1838) et dans celui de *médecine et de chirurgie*, de J. B. Baillière (1864).

Parmi les opérations importantes qu'il a pratiquées avec succès, se trouvent la provocation, avant le terme, du part, dans les cas d'étroitesse des voies dures. Cette opération, considérée jusqu'alors en France comme criminelle, est bientôt après entrée dans le domaine de l'art.

L'opération dite *césarienne*, a été pratiquée par lui plusieurs fois avec succès complet pour la mère et pour son enfant, alors qu'elle n'avait jamais réussi en Alsace, et avait toujours été suivie de la mort de la femme, à Paris, depuis près d'un siècle.

A Nancy comme à Stasbourg, M. Stoltz a joui d'une considération et d'une confiance bien méritées. Les élèves de la nouvelle faculté, la plupart alsaciens ayant suivi leurs professeurs dans leur déplacement, ont trouvé en lui, en même temps qu'un directeur, un protecteur et un ami.

M. Stoltz fait partie d'un grand nombre d'académies et de sociétés scientifiques. Il est associé national de l'académie de médecine de Paris, honoraire de celles de Rome et de Belgique, correspondant de la société impériale de Moscou, de celle des sciences naturelles de Heidelberg, etc., etc. Il vit maintenant retiré à sa campagne d'Andlau, où il attend, avec la sérénité du sage, le moment de rejoindre dans la tombe les autres membres de sa famille, dont il est le dernier à porter le nom.   F.

ATTHALIN, Louis-Marie-Jean-Baptiste

BARON ATTHALIN
LOUIS-MARIE-JEAN-BAPTISTE

LIEUTENANT-GÉNÉRAL, pair de France, grand-croix de la Légion d'honneur, de l'ordre du Lion-Belge, de l'ordre de Charles III d'Espagne, de l'ordre militaire de Saint-Ferdinand d'Espagne, décoré du Nischam de Tunis, est né à Colmar le 22 juin 1784. Son père, d'abord conseiller au Conseil souverain d'Alsace, et plus tard président de chambre à la Cour royale, était originaire de la Franche-Comté. Le jeune Atthalin fut admis à l'école polytechnique avec le n° 17. Il passa peu après à l'école d'application de Metz, d'où il partit en poste pour Berlin, avec ses camarades, sur l'ordre de Napoléon d'envoyer dans cette ville les élèves de l'école, pour les répartir entre les divers corps de la grande armée. Il fut désigné pour le 6ᵉ corps commandé par le maréchal Ney, et prit part à tous les combats qui précédèrent la bataille d'Eylau, à laquelle il assista. Passé au grade de lieutenant de génie, il fut employé à divers travaux de défense. En mai 1807, il reçut l'ordre de se rendre au siège de Graudentz où il se fit remarquer par plusieurs actes de valeur.

Des missions à Stralsund et à Magdebourg lui furent confiées après la paix de Tilsitt. Il reçut à Berlin sa commission d'aide-de-camp du général Kirgener, qui commandait le génie de la garde impériale, et fit en cette qualité, dans le corps d'armée du général Gouvion-Saint-Cyr, toutes les campagnes de Catalogne. Vers la fin de 1809, il se rendit avec le général Kirgener à Anvers et à

Walcheren, et se distingua par la rédaction d'un remarquable rapport sur les moyens de prévenir le renouvellement de la tentative d'invasion faite par les Anglais. En 1810, il contribua à établir de puissantes batteries au Helder, et à mettre en complet état de défense le fort du Texel qui commandait la passe du côté de l'île. L'empereur, préoccupé du débarquement opéré précédemment par les Anglais, envoya le général Bertrand, son aide-de-camp, examiner l'état d'avancement des travaux qu'il avait ordonnés pour la défense des côtes. Pendant cette inspection, le capitaine Atthalin fut particulièrement remarqué, et c'est à la bonne opinion que conçut de lui le général Bertrand, qu'il dût l'avantage d'être nommé le 14 avril 1811, officier d'ordonnance de l'empereur. Il accomplit de ce chef plusieurs missions importantes, pendant lesquelles il était autorisé à correspondre directement avec le souverain. Les chefs militaires et civils auxquels il s'adressait avaient l'ordre, quel que fût leur rang, de lui donner toutes les communications et informations qui leur seraient demandées par lui, en vertu des instructions particulières et secrètes de l'empereur. La première de ces missions lui confiait le soin de visiter tous les ports et toutes les îles depuis Cherbourg jusqu'à Delfsit en Hollande, de voir les troupes, les fortifications, les magasins, de reconnaître les passes, les embouchures des fleuves, et de signaler à l'empereur tout ce qu'il pouvait lui importer de connaître. Après plusieurs autres missions en Prusse, en Bohême et en Pologne, le capitaine Atthalin rejoignit l'empereur à Rassasna près de Smolensck, et, pendant toute la campagne de Russie, il resta au quartier-général, partageant les souffrances et les privations de l'armée. A Moscou, il fut nommé chevalier de la Légion d'honneur. L'empereur lui témoigna souvent sa haute satisfaction, et l'intérêt particulier qu'il lui portait. En le chargeant d'une reconnaissance pendant la bataille de Malojaroslawetz, il lui dit : « Surtout n'allez pas vous faire tuer ! je tiens à vous... »

En 1813, il fit avec l'empereur, la campagne de Dresde ; il y reçut la croix d'officier et le titre de baron. En novembre de la même année, le souverain l'attacha plus particulièrement à sa personne en lui confiant les fonctions de sous-directeur, et bientôt après, de directeur de son cabinet topographique. Il le nomma colonel après les combats de Brienne, Champaubert et Montmirail. Pendant cette glorieuse campagne de 1814, Atthalin ne quitta pas le grand capitaine qui défendait pied-à-pied, contre l'invasion étrangère, le sol de la France.

Le 20 avril il était du petit nombre de fidèles qui escortaient l'empereur, lorsqu'il fit à la garde impériale, rassemblée dans la cour du palais de Fontainebleau, ses touchants adieux. Les cruelles émotions qui avaient agité le cœur d'Atthalin pendant cette scène mémorable, furent encore ravivées lorsqu'il reçut de la part de l'empereur quelques lignes précieuses par lesquelles le grand homme, en lui témoignant qu'il avait toujours été content de lui, l'engageait à continuer de servir sa patrie et à être fidèle au nouveau souverain de la France. Une nouvelle carrière s'ouvrit alors pour le colonel Atthalin. Dès les premiers jours de la Restauration il fut envoyé en Sicile par le gouvernement, pour être mis à la disposition du duc d'Orléans. Il était son aide-de-camp, quand l'empereur revint de l'île d'Elbe. Mandé par ce dernier, il en reçut l'ordre d'aller commander le génie à Landau. De nouveaux désastres ayant ouvert la France aux alliés, Atthalin reprit auprès du duc d'Orléans le poste qu'il n'avait quitté qu'avec l'agrément de ce prince. En Angleterre il cultiva avec succès les beaux-arts, et en 1819, s'étant occupé spécialement de lithographie, il obtint la grande médaille d'or, à la suite de l'exposition, pour les progrès qu'il fit faire à cette découverte encore récente. Des lithographies exécutées par lui ont été publiées dans les *Antiquités d'Alsace*, par MM. de Golbéry et Schweighauser, ainsi que dans le magnifique ouvrage dirigé par Charles Nodier et le baron Taylor, et intitulé: l'*Ancienne France*.

Au moment où éclata la révolution de juillet 1830, Atthalin était en Alsace, où l'avait appelé la maladie d'un frère qu'il eut la douleur de perdre. Il fut appelé en toute hâte à Paris, et envoyé à Berlin et à Saint-Pétersbourg, avec mission de faire reconnaître le nouveau gouvernement par la Prusse et par la Russie. Elu député par le Bas-Rhin, puis nommé successivement maréchal de camp, pair de France, lieutenant-général, il consacra toutes ses forces au service de l'Etat et de la couronne. Il fut spécialement chargé de diriger la maison du roi, et remplit les fonctions de grand maréchal du Palais. Admis en quelque sorte dans l'intimité de la famille d'Orléans, son dévouement pour elle était sans bornes.

Pendant les journées de Février une attaque de goutte des plus violentes le retint dans son lit; il ne put se rendre aux Tuileries ; mais sa constante fidélité était en 1848, ce qu'elle avait été en 1814. Après la tourmente, il rentra dans la vie privée et revint dans sa ville natale, qu'il ne quitta plus que pour faire de pieux pélerinages à Claremont, auprès de son royal ami.

Le général Atthalin est mort à Colmar le 3 septembre 1856, à l'âge de 72 ans.

GEILER, Jean

Jean Geiler, de Kaysersberg

Geiler naquit le 16 mars 1445 à Schaffouse. Son père qui était attaché au greffe de cette ville, vint l'année suivante se fixer en qualité de notaire impérial à Ammerschwihr dans la Haute-Alsace, où il mourut trois ans plus tard. Le jeune orphelin fut recueilli par son grand-père, bourgeois aisé de Kaysersberg, qui se chargea de son éducation; de là le surnom de *Kaysersberger* que lui ont donné ses contemporains. Sa sœur épousa Jean Wickgram de Turckheim, d'une famille qui appartient à l'histoire de Colmar. Geiler conserva toujours un grand attachement pour la Haute-Alsace : dans ses sermons il aimait à en rappeler les usages, les fêtes populaires, il en vantait les mœurs sévères et l'esprit de famille, bien supérieurs, selon lui, à ce qu'il trouvait à Strasbourg.

Cependant cette ville méritait mieux que ces dédains, car depuis le jour où, après dix-sept ans passés dans l'étude et l'enseignement des lettres et de la théologie aux universités de Fribourg et de Bâle (1460-1477), Geiler devint prédicateur de la cathédrale jusqu'à sa mort, l'amour et la vénération des Strasbourgeois lui firent une situation dont l'histoire offre peu d'exemples. Matériellement elle était modeste et humble; simple vicaire du chœur, il avait à peine de quoi vivre; moralement il fut pendant trente-deux ans, par le seul prestige de sa vertu et de son génie, le premier personnage de la République et y exerça une influence considérable. Certes il fallait qu'il y eut encore un grand fonds de religion et de foi dans la population strasbourgeoise pour lui faire accepter cette domination, car dans Geiler s'alliait à l'apôtre le censeur austère, le tribun du peuple et le satirique impitoyable. A cette époque on ne connaissait encore ni en théorie ni en pratique, la séparation de l'Eglise et de l'Etat ; le prédicateur voyant en quelque sorte la République entière groupée autour de sa chaire, touchait à tout, abordait toutes les questions, et ne ménageait à personne les avertissements ni les réprimandes. C'est comme pièce justificative à l'appui d'un sermon, qu'il rédigea ses *XXI articles*, réquisitoire en forme contre la législation et l'administration de la République. Dans son discours synodal il s'en prit au clergé, et traça le plan des réformes à introduire dans le diocèse. Ses oraisons funèbres étaient de solennelles et éloquentes leçons données aux princes de l'église, et la dernière, qui est une véritable exécution, ne serait plus tolérée de nos jours par les mœurs publiques. Sans doute l'orateur souleva bien des colères et froissa bien des orgueils ; mais il y avait dans ses discours tant de foi, de piété, de cœur, il s'en dégageait un tel amour du bien, une si profonde conviction et une si incontestable honnêteté, enfin tout cela était dit avec tant d'originalité et de verve, que nul ne pouvait lui tenir rigueur, et que sa popularité se maintint jusqu'au bout. Il fut véritablement l'homme de tous, du peuple comme des grands : l'empereur Maximilien, les évêques, les membres du Grand-Chapitre, les savants les plus illustres le tenaient en haute estime, prenaient ses conseils et acceptaient souvent sa direction.

Du reste le prédicateur ne se borna pas au rôle aisé et stérile de critique : il mit hardiment la main à l'œuvre pour implanter le bien. L'un des premiers, il recourut à la presse pour agir sur les masses, et publia une série de brochures de propagande, vrais précurseurs de nos tracts modernes. Les hôpitaux et les hospices dont l'administration était fort défectueuse, furent tout particulièrement l'objet de sa sollicitude; il s'occupa avec zèle de la réorganisation morale et scientifique des écoles, et c'est à lui qu'appartient l'idée première d'une institution académique, réalisée plus tard par son élève Jacques Sturm de Sturmeck.

Il n'est pas besoin de dire avec quelle persévérance il travailla au rétablissement de la discipline dans les couvents, et il eut la joie d'y réussir pour plusieurs. Tous ceux qui avaient subi son influence et accepté sa direction, traversèrent, sans en être ébranlés, les orages du XVIe siècle, et demeurèrent fidèlement attachés à la foi catholique. Ce fait suffit à lui seul pour caractériser le rôle de Geiler comme réformateur : ce n'est pas Luther qu'il annonce, il descend de St. Bernard, de Nicolas de Cusa et de Gerson surtout, son auteur favori et son inspirateur, dont il fit imprimer à Strasbourg les œuvres réunies à grands frais. Il chargea du soin de cette publication Pierre Schott et Wimpheling tous deux ses disciples et, avec Sébastien Brant, les plus distingués parmi cette pléiade d'hommes de vertu et de science qu'il sut grouper autour de lui, et qui demeurèrent ses fidèles auxiliaires jusqu'à sa mort.

Celle-ci arriva le 10 mars 1510 : au milieu d'un concours immense de peuple, la dépouille mortelle du grand orateur fut déposée au pied de cette chaire construite exprès pour lui, et qui devenait son monument funèbre après avoir si longtemps retenti de son éloquente parole.

Quand on ne put plus l'entendre on voulut le lire. Nous l'avons dit, il n'avait publié lui-même que des brochures, maintes fois rééditées alors, et devenues aujourd'hui des raretés bibliographiques qui se vendent au poids de l'or ; depuis 1508 on avait commencé à imprimer à Augsbourg et à Strasbourg quelques volumes de ses sermons. Mais le grand mouvement ne se produisit qu'après sa mort. Presque chaque année vit paraître un nouveau volume, soit en latin d'après ses manuscrits, soit en allemand d'après les souvenirs plus ou moins fidèles de ses auditeurs. Les éditions allemandes, seules accessibles à la multitude, eurent naturellement la vogue : les plus grands artistes de ce temps, Burgkmair, Schæufelein, Urs Graf, Wechtelin et par dessus tout Hans Baldung Grien, le célèbre peintre strasbourgeois, les illustrèrent de leurs dessins, sans compter une foule d'anonymes, parmi lesquels il faut citer au premier rang le maître trop peu connu, dit *de l'officine Grüninger*. Tous ces écrits, d'une authenticité et d'une autorité bien diverse, quelques-uns même complètement apocryphes, se vendaient rapidement dès qu'ils portaient le nom de Geiler : les éditions se multipliaient à Augsbourg, à Bâle, à Strasbourg surtout, où Grüninger entreprit, dès 1512, d'en publier une qui fut complète. Somme toute, les trente-huit ouvrages connus jusqu'à ce jour, dépassèrent de 1482 à 1522 le chiffre de quatre-vingts éditions. Les troubles de la Réforme naissante vinrent arrêter cette vogue et engloutir la popularité de Geiler ; de nos jours seulement son nom et ses ouvrages ont été remis en lumière : à l'Alsace le soin de ne plus les laisser retomber dans un oubli immérité. L. D.

SOURCES. Dacheux. *Un réformateur catholique à la fin du XVᵉ siècle. Jean Geiler de Kaysersberg*. Strasbourg, Dérivaux, 1876. — Ch. Schmidt. *Histoire littéraire de l'Alsace*. Paris, 1879. — Dacheux. *Les plus anciens écrits de Geiler de Kaysersberg*. Colmar, Hoffmann, 1882. — De Lorenzi. *Geilers von Kaisersberg ausgewählte Schriften*. Trèves, 1881.

SEINGUERLET, Eugène

SEINGUERLET, Eugène

En dépit de son nom qui est lorrain, l'auteur de *Strasbourg pendant la Révolution* est d'origine alsacienne. Son père était de Barr; sa mère, d'Obernai. Lui-même est né le 13 avril 1827 à Strasbourg. Il y fit ses études classiques, au collège royal. Comme son père le destinait à la carrière d'avocat, il commença son droit à Strasbourg, le continua à Paris, puis revint le terminer dans sa ville natale. Soutenue le 21 janvier 1851, sa thèse de licence — sur les *Obligations* et sur la *Détention préventive* — fit époque dans les annales de la docte Faculté, par la nouveauté de la conception et l'audace des aperçus. Dans ces pages éloquentes, le jeune étudiant affirme déjà les principes libéraux et démocratiques qui feront la règle invariable de sa vie. Le travail se termine par ces mots, où l'on trouve une sorte de pressentiment du sort que réservaient à son auteur nos dissensions intestines : « Dans les crises politiques, surtout, où des passions et des intérêts opposés se trouvent en présence, où le parti vainqueur est trop souvent impitoyable envers le parti vaincu, où la force, toujours en lutte contre la force, est aujourd'hui couronnée et demain séditieuse, où rien n'est fixé dans le monde, ni l'idée de droit, ni l'idée de pouvoir, ni même l'idée de justice, on ne peut échapper à une effroyable succession de tyrannies, que par un développement immense de la liberté individuelle. » L'année n'était pas écoulée, que Eugène Seinguerlet était enfermé dans les casemates de Bicêtre et d'Ivry.

A la suite de sa thèse, il s'était rendu à Paris

pour se préparer au doctorat en droit. Il entra dans le mouvement de résistance aux projets de Napoléon Bonaparte, et s'employa le plus activement qu'il lui fut possible, à empêcher leur triomphe. Le gouvernement du coup d'Etat lui rendit la justice de le reconnaître, en le faisant arrêter, le 13 décembre, dans son appartement de la rue de Lille.

Du Dépôt de la préfecture de police, M. Seinguerlet passa par la Conciergerie et les casemates de Bicêtre et d'Ivry, pour être conduit au Hâvre et embarqué à bord du *Canada*. Les prisonniers devaient être transportés à Cayenne, mais il y eut heureusement contre-ordre à Brest, par suite du remplacement de Morny par Persigny. On révisa, paraît-il, leurs dossiers, et après une détention de trois mois au château de Brest, M. Seinguerlet fut proscrit par une nouvelle décision de la Commission mixte de la Seine. Le récit de cette pénible mésaventure a paru en feuilleton, il y a trois ans, dans le *Parlement*, sous le titre de : *En route pour Cayenne*. M. Seinguerlet prit le parti de se rendre en Allemagne. Une cruelle surprise l'attendait à Strasbourg, qu'il devait traverser. A la nouvelle de son arrestation, son père avait été frappé d'apoplexie : il mourut deux ans après, sans avoir pu recouvrer le libre usage de la parole.

C'est à Heidelberg que M. Seinguerlet se fixa. Il y redevint étudiant, y apprit à connaître l'allemand et l'Allemagne, et suivit pendant trois ans les cours de l'Université. Survint la création de la *Revue germanique* par ses amis Nefftzer et Ch. Dolfus. Ils lui offrirent de collaborer à leur œuvre: il le fit, en effet, jusqu'au jour où la direction de la revue passa en d'autres mains. Peu après, Nefftzer fonda le *Temps*, dans lequel il inaugura les correspondances réellement écrites dans les pays d'où elles étaient datées. C'était une innovation et ce fut un succès. Les lettres de Florence d'Erdan, celles de Londres de Louis Blanc, celles de M. Seinguerlet de Heidelberg acquirent promptement une grande vogue.

Quand éclata, en 1866, la guerre entre la Prusse et l'Autriche, M. Seinguerlet prit parti contre la première, à l'encontre de la presque totalité des membres de la presse libérale de Paris. Il révéla, dans le *Temps* et dans le *Courrier du Dimanche*, les projets du gouvernement prussien, si menaçants pour la sécurité de la France; mais il ne put réussir à dissiper les illusions dont on se berçait dans les régions gouvernementales. Il fallut le canon de Sadowa pour éveiller en haut lieu des « angoisses patriotiques ». Mais autant il avait mis d'ardeur à pousser le cabinet des Tuileries à empêcher une guerre dont l'issue devait forcément lui être fatale, autant, après Sadowa, il s'appliqua, dans le *Temps* d'abord, puis dans l'*Avenir national*, à déconseiller à la France de chercher, par une guerre avec la Prusse, à réparer une faute irréparable... du moins pour le moment. Il quitta Heidelberg et revint à Paris en 1868. Il entra dans l'*Avenir national* et collabora, pour les questions étrangères, à la *Revue politique*.

Au moment de la déclaration de guerre de 1870, Peyrat, son rédacteur en chef à l'*Avenir national*, lui dit : « Le journal mettra à votre disposition tout ce qu'il vous faudra pour suivre la campagne. Faites pour l'*Avenir* ce que vous avez fait en 1866 pour le *Temps*. » — « Je ne puis accepter, répondit M. Seinguerlet, car je ne puis me résoudre à être le reporter du plus épouvantable désastre qui aura atteint la France. »

Le 4 septembre au soir, il se rendit à l'Hôtel-de-Ville et insista avec force, auprès d'Ernest Picard, pour qu'on conclût la paix sans tarder. Le lendemain matin, l'*Avenir national* ne comptait plus que trois rédacteurs : Peyrat, qui n'écrivait plus, Dezonnaz, aujourd'hui rédacteur au *Temps*, et Seinguerlet. Les autres occupaient tous de hautes fonctions, en commençant par Etienne Arago, devenu maire de Paris. Pendant le siége, M. Seinguerlet s'enrôla dans l'artillerie de la garde nationale. Dès qu'on put sortir de Paris, il revint à Strasbourg. A son arrivée, il apprit qu'il était porté sur une liste où figuraient Gambetta, J. Favre, Emile Erckmann et Edm. Valentin. En temps normal, le succès de la liste eût été assuré ; mais, par suite des circonstances, Erckmann, Valentin et Seinguerlet succombèrent avec une minorité de 40,000 voix. Reporté à Paris, aux élections de juillet 1871, sur les deux principales listes républicaines, il échoua de nouveau avec 40,000 voix, le scrutin ayant été défavorable à son parti, sous le contre-coup des évènements de la Commune. Depuis lors il n'a plus été porté nulle part, et il n'a pas été tenté de se présenter.

M. Seinguerlet a publié trois livres : les *Banques du peuple en Allemagne*, qui est un exposé des institutions de crédit mutuel fondées par Schulze-Delitzsch ; les *Propos de table du comte de Bismarck pendant la campagne de France ;* et *Strasbourg pendant la Révolution*, le plus important de ses ouvrages. Il nous écrivait un jour : « C'est, aujourd'hui plus que jamais, un devoir pour tout Alsacien qui tient une plume, d'écrire un livre ou tout au moins un opuscule sur l'Alsace. C'est ce sentiment qui, depuis sept ans, m'encourage à poursuivre l'œuvre de la *Revue alsacienne*. » On sait avec quel tact et quelle distinction M. Seinguerlet dirige cette intéressante publication.

Adolphe SCHÆFFER

SCHÆFFER, F.-G.-ADOLPHE

Né à Reitwiller (Basse-Alsace), où son père remplissait les fonctions pastorales, le 7 décembre 1826; reçu bachelier en théologie et licencié ès-lettres, à Strasbourg, en 1849; docteur en théologie, en 1854. Pasteur à Haguenau, en 1855; à Colmar, depuis 1858, a publié les écrits suivants :

1849. — *Duplessis-Mornay, considéré comme apologiste*. Thèse présentée à la Faculté de théologie de Strasbourg, pour obtenir le grade de bachelier en théologie. Strasbourg, Berger-Levrault. 74 p. in-8º.

1853. — *Observationes ad ministerii ecclesiastici notionem rectiùs constituendam*. Argentorati. 24 p. in-8º. Thèse latine pour la licence en théologie.

— *De l'influence de Luther sur l'éducation du peuple*. Thèse française pour la licence en théologie. Ouvrage couronné par le Séminaire protestant de Strasbourg. Strasbourg, Treuttel et Wurtz. 259 p. in-8º.

Livre annoncé dans le *Journal des Débats* (17 mars 1855) par Saint-Marc Girardin, dont l'article commence comme suit : « Nous voulons depuis longtemps signaler à l'attention de ceux de nos lecteurs qui s'intéressent à l'instruction du peuple un écrit fort intéressant, intitulé, etc... Quelle a été la part de Luther dans cette régénération des études et dans la fondation des écoles populaires? M. S., qui est un pasteur protestant, attribue beaucoup à l'influence de Luther, et nous croyons qu'il a raison...[1] »

1854. — *Madame Duplessis-Mornay*, née Charlotte Arbaleste. Travail lu par l'auteur à la séance publique de la Société de

---

1) D'autre part, l'important recueil intitulé : *Repertorium*, etc., de Reuter (1854, p. 20-27), consacra à ce livre un compte-rendu tout sympathique auquel nous empruntons les lignes suivantes : « Luthers Verdienste um Volksbildung, wie oft auch bereits gepriesen, haben gewiss selten eine so liebevolle und so umfassende Würdigung erfahren, wie es in diesem Buch geschieht, und je weniger bisher in Frankreich ein rechtes Verstændniss der deutschen Reformation und ihres Trægers verbreitet gewesen ist, desto mehr freuen wir uns einer Darstellung, welche, aus gründlicher Kenntniss der Werke Luthers und der ganzen auf den Gegenstand bezüglichen Litteratur hervorgegangen, Luthers Thætigkeit für die Bildung des Volks so wahr und treu, so lebendig und warm den Lesern zur Anerkennung empfiehlt, dass dieselbe jenseits des Rheines Vielen ein ganz anderes Urtheil als bisher abgewinnen, Viele aus dem Bann schwerer Vorurtheile befreien dürfte... »

l'histoire du protestantisme français, tenue à l'Oratoire, le 25 avril 1854. Paris, Meyrueis. 20 p. gr. in-8º.

— *Les Larmes de Pineton de Chambrun*, pasteur de la maison de Son Altesse Sérénissime d'Orange et Professeur en théologie, qui contiennent les persécutions arrivées aux Eglises de la Principauté d'Orange depuis l'an 1660 ; la chute et le relèvement de l'auteur, etc. Réimpression d'après l'édition originale. Paris, Charpentier. 338 p. in-12.

— *De la Morale chrétienne de Schleiermacher*. Thèse pour le doctorat en théologie. Paris, Meyrueis. 88 p. in-8º.

1856. — *Tristan et Joyeux*. Imité de l'allemand. Brochure écrite à l'intention des détenues protestantes de la maison centrale de Haguenau. Paris, Meyrueis. 24 p. in-18.

1859. — *Essai sur l'avenir de la tolérance*. Paris, Cherbuliez. 190 p. in-12.

Traduction hollandaise : *De Verdraagzaamheid en hare Toekomst*, door Ad. Sch., uit het fransch door de Ruever Groneman, theol. doct. Rotterdam, Hoog. 1860.

Livre annoncé, dans des termes sympathiques, non seulement par les nombreux journaux protestants de langue française, mais encore dans la *Revue germanique*, nov. 1859, le *Magasin de la librairie*, 25 juin 1860, le *Siècle* du 17 juillet 1860, la *Revue de l'instruction publique* du 26 juillet et du 6 août 1860, la *Presse* du 21 nov. 1860, la *Revue des deux Mondes* du 15 juillet 1862 (article de Saint-René Taillandier), etc.
Il se compose de cinq parties : La tolérance et la raison. La tolérance et l'Evangile. La tolérance et le catholicisme. La tolérance et le protestantisme. De l'avenir de la tolérance.

1862. — *Une femme obscure*. Souvenirs du culte fait à la jeunesse protestante de Colmar. 1861-1862. Strasbourg, Berger-Levrault. 12 p. in-18.

— *Un prédicateur catholique au XVᵉ siècle* (Geiler de Kaysersberg). Paris, Meyrueis. 80 p. in-12. Extrait de la *Revue chrétienne*.

1863. — *Un moine protestant avant la Réforme* (Jean Pauli). Colmar, Barth. 44 p. gr. in-8º. Extrait de la *Revue d'Alsace*.

— *Sermon pour l'Ouverture solennelle de la Session du Consistoire supérieur*. Strasbourg, Treuttel et Wurtz. 24 p. in-8º.

1865. — *Histoire d'un homme heureux*. Paris, Michel Lévy. 388 p. in-12º.

— *Orthodoxe ou libéral ?* Paris, Meyrueis. 52 p. in-8º.

1867. — *Desiderata*. Trois lettres à Théophile. Paris, Cherbuliez. 36 p. in-12.

1868. — *De la Bonté morale* ou Esquisse d'une Apologie du christianisme, précédée d'une lettre de M. Ed. Laboulaye, membre de l'Institut. Paris, Grassart. 320 p. in-12.

Une nouvelle édition de ce livre, revue, corrigée et accompagnée de Lettres inédites de Victor Hugo, Montalembert, etc., est sous presse.

1869. — *Non possumus*. Réponse à la lettre d'un catholique aux pasteurs protestants. Paris, Cherbuliez. 36 p. in-8º.

1870. — *Les huguenots du seizième siècle*. Paris, Cherbuliez. 331 p. in-8º. — M. Alfred Rambaud, dans le *Progrès de l'Est* (article reproduit par l'*Industriel alsacien*, 4 nov. 1871), terminait un compte-rendu de ce volume par ces mots-ci : « Henri IV disait des mémoires de Blaise de Montluc : c'est la Bible du soldat. On pourrait dire du livre que M. Schæffer vient d'écrire sous la dictée de ces grands souvenirs : c'est la Bible de l'homme de cœur. »

Sommaire de la table des matières :

Iʳᵉ PARTIE : *La foi des huguenots du seizième siècle*.

Chap. Iᵉʳ. Nécessité d'une réforme des croyances et des mœurs. *Chap. II*. Premiers commencements de la Réforme en France. *Chap. III*. Histoire abrégée de la Réforme française jusqu'en 1562. *Chap. IV*. La Réforme, affaire de conscience.

IIᵉ PARTIE : *La vie des huguenots du seizième siècle*.

Chap. Iᵉʳ. Jugements d'ensemble. *Chap. II*. Détails. *Vertus* des huguenots : le sentiment religieux ; l'esprit et l'imagination ; la volonté ; le sentiment moral ; les huguenots et la famille ; les huguenots et l'Etat ; les huguenots et la guerre ; les huguenots et les épreuves ; les huguenots en face de la mort. — *Erreurs* et *défauts* des huguenots. — Conclusion.

1872. — *Non sint* ou Sus à l'ennemi. Neuchâtel, Sandoz. 70 p. gr. in-8º.

1873. — *Mélanges d'histoire et de littérature*. Neuchâtel, Sandoz. 370 p. in-12.

Sommaire : Notes prises sur la plate-forme de la cathédrale de Strasbourg. Les Bénédictins de la congrégation de France. Luther et l'Allemagne au XVIᵉ siècle. Une excursion aux Trois-Epis. A dix-neuf siècles de distance. Jean Calas. De la morale indépendante. Les Jésuites. Un empereur peint par lui-même. Félix Mendelssohn-Bartholdy. Ottilie Wildermuth. Saint Martin et le mysticisme. Schleiermacher, sa vie, ses écrits, son génie. Les extrêmes se touchent.

1878. — *Roses et épines*. Souvenirs de ma carrière littéraire. Colmar, imprimerie Decker. 174 p. gr. in-8º. — Tiré à cent exemplaires. N'a point été mis en librairie.

1879. — *Le curé et le pasteur* (publié sous le pseudonyme de *Irma S.*). Paris, Fischbacher. 31 p. in-12.

Traduit en allemand par Fr. Riff, pasteur à la Robertsau (*Priester und Pfarrer*. Strassburg, Heitz, 1879. 31 p. in-12) et en anglais dans le journal illustré : *Sunday Magazin*, Londres, 1879.

— *De la certitude de la vie future*. Paris, Fischbacher. 31 p. in-12.

1880. — *Mon oncle Jean*. Histoire d'un fumeur (par Irma S.). Paris, Fischbacher. 22 p. in-12.

1883. — *Au déclin de la vie* ou de la vie présente et de celle qui est à venir. Histoire précédée d'une Lettre de M. G.-Ad. Hirn, correspondant de l'Institut de France. Paris, Grassart. XXII et 276 p. in-12. Ouvrage épuisé.

Traduction anglaise : *Sunset Gleams or, Progress from Doubt to Faith*, Translated by Fr. Ash Freer. London, Elliot Stock. 1883. 167 p. in-12.

Traduction allemande : *Auf der Neige des Lebens*. Gotha, Fr. And. Perthes, 1884. 254 p. gr. in-8º.

1885. — *Petit livre pour tous* ou *De l'art de bien vivre et de bien mourir*. Paris, Fischbacher. 98 p. in-12.

— Théâtre de Société : *Poisson d'avril. Advienne que pourra*. Colmar, Barth. 32 p. in-12.

M. Schæffer a fait paraître de nombreux travaux dans les recueils et journaux religieux suivants : *Bulletin* de la Société de l'histoire du protestantisme français (Paris), *Chrétien évangélique* (Lausanne), l'*Encyclopédie des sciences religieuses* publiée sous la direction de M. Lichtenberger, doyen de la Faculté de théologie de Paris, le *Journal du Protestantisme* (Paris), le *Lien*, journal des Eglises réformées de France (Paris), le *Progrès religieux* (Strasbourg), dont il été l'un des fondateurs, la *Revue chrétienne*, sous la direction de M. de Pressensé (Paris). Il a en outre collaboré à la *Famille* (Lausanne), au *Magasin pittoresque* (Paris), à la *Revue d'Alsace* et à la *Revue suisse;* au *Courrier du Bas-Rhin* (aujourd'hui *Journal d'Alsace*), au *Journal de Colmar* et à l'*Industriel alsacien* (aujourd'hui *Express*), où il a publié une série d'articles de critique littéraire.

Pour le recueil où paraissent ces lignes, il a rédigé les biographies Braun Albert, Billing, Bruch, Kastner, J.-Fr. Oberlin, Pellican, Spener.

Il a paru des notices biographiques sur M. Schæffer dans le *Grand dictionnaire universel du dix-neuvième siècle*, de Pierre Larousse, dans la *Biographie nationale des contemporains*, publiée par Glæser, et dans l'*Encyclopédie des sciences religieuses*, citée plus haut, t. XIII, p. 187. Lui-même a donné, dans ses *Roses* et *Epines*, de nombreux détails concernant ses écrits. G. A. HIRN.

Colmar, 9 avril 1886.

DOLLFUS, Jean

Jean DOLLFUS

Jean Dollfus est né le 25 septembre 1800, de Daniel Dollfus, fabricant, et d'Anne-Marie Mieg. Son grand-père Jean Dollfus, le dernier bourgmestre de l'ancienne République de Mulhouse, avait épousé en premières noces Marie-Madeleine Mieg et fut, en 1764, l'un des fondateurs de la maison Dollfus & Hofer qui, en 1777, prit le nom de Jean Dollfus; en 1783, celui de Jean Dollfus père, et enfin, en 1802, celui de Dollfus-Mieg & Cie, qu'elle porte encore de nos jours.

Comme tous ses frères, M. Jean Dollfus fit ses études en Suisse. En 1822, il entra dans la maison Dollfus-Mieg & Cie en qualité d'associé, et, dès 1826, il eut la haute main dans la maison paternelle. Ce que cette tâche a été et quelle complication d'intérêts elle peut embrasser, M. X. Mossmann en trace le tableau dans son excellente brochure : *Les grands industriels de Mulhouse*. Nous y lisons entre autres passages ce qui suit :

« M. Jean Dollfus a été en France l'un des pro-
« moteurs des théories du libre échange. En 1853
« déjà, il commença la lutte par un écrit intitulé :
« *Plus de prohibition!* et quand, en 1860, le gouver-
« nement répudia enfin la vieille maxime : *Chacun
« pour soi, chacun chez soi*, il eut plus d'une fois
« recours aux lumières du grand industriel de
« Mulhouse. M. Dollfus mena cette brillante cam-
« pagne de front avec l'œuvre des cités ouvrières.
« En 1851, un membre de la Société industrielle,
« M. Jean Zuber-Karth, lui avait communiqué une
« note sur les habitations des ouvriers anglais, en
« demandant la rédaction d'un projet de logements

« salubres, confortables et à bon marché, pour les
« travailleurs de la ville. M. Dollfus fit aussitôt
« construire à Dornach, siège de sa maison, quatre
« bâtiments différents, accompagnés de jardins, où
« s'installèrent des familles d'ouvriers. Au bout
« d'un certain temps, on fit, parmi les locataires,
« une enquête à la suite de laquelle on fit choix de
« deux types qui semblaient le mieux répondre aux
« convenances de familles. Alors, sous l'inspiration
« de M. Jean Dollfus, se constitua la *Société mul-
« housienne des cités ouvrières*, au capital de 355,000
« francs, auquel le gouvernement ajouta une somme
« proportionnelle qui servit à établir les rues, les
« trottoirs, les égouts, les fontaines, les clôtures,
« les plantations, etc. En 1850, on éleva cent
« maisons, coûtant 256,400 fr., dont quarante-neuf
« furent vendues. Dix ans après, leur nombre
« montait à six cent seize, pour lesquelles on avait
« dépensé 1,753,875 fr. et dont cinq cent cinquante-
« deux avaient trouvé des amateurs. »

Aujourd'hui, environ onze cents maisons s'élèvent dans les deux cités et les sommes payées par les acquéreurs montent à plus de quatre millions de francs. Ces chiffres se passent de tout commentaire et mettent bien en lumière le côté moral de cette œuvre, qui nous semble devoir contribuer le mieux à résoudre le grand problème d'économie sociale qui vise à faire disparaître le prolétariat de la société moderne. M. Dollfus dota également les cités ouvrières des créations complémentaires suivantes : de deux bains et lavoirs publics (ceux de la rue de Didenheim créés en 1851 par la ville sont aussi dus à son initiative), il ouvrit une boulangerie où le pain se débite toujours de cinq à dix centimes meilleur marché qu'en ville et un restaurant où, pour cinquante centimes, l'ouvrier peut se faire servir un repas convenable. Enfin une bibliothèque populaire est installée, depuis 1864, dans le bâtiment de la direction des cités. Une autre œuvre que Mulhouse doit à M. Jean Dollfus, c'est l'asile des voyageurs indigents (Armenherberge), ouvert en 1859, où les ouvriers pauvres de passage trouvent gratuitement à coucher et à souper, et au besoin même des vêtements. La dépense annuelle qu'entraîne l'entretien de cette institution philanthropique est de 4,000 à 4,500 fr. environ et le nombre de ceux qui ont été admis, depuis l'origine, dépasse cent trente mille.

« Il va sans dire, dit l'auteur de la brochure citée
« plus haut, que les divers établissements de M. Jean
« Dollfus, qui embrassent toutes les branches de
« l'industrie cotonnière, devaient participer de ce
« large esprit de prévoyance, de cet ardent amour
« du bien. »

Comme preuve à l'appui, M. Mossmann donne la récapitulation de tout ce qui a été fait dans cette maison : « MM. Dollfus-Mieg & Cie ont fondé et subventionnent une salle d'asile pour cent enfants. Ils fournissent à leurs ouvriers, au prix de revient, du pain, des aliments, des vêtements, du combustible. Ils ont établi dans leurs usines mêmes, des bains et des lavoirs à l'usage des ouvriers. Ils viennent au secours de leurs associations de secours, en payant les honoraires de deux médecins et en subvenant aux frais des maladies graves. Ils ont créé pour leurs ouvriers une caisse d'épargne qui leur sert les intérêts de leurs dépôts à 5 p. c. et leur fait des prêts sans intérêts ; à ceux dont la bonne conduite est notoire, elle avance le premier à-compte de 300 fr. nécessaire pour l'acquisition d'une maison aux cités ouvrières. Ils les encouragent à contracter des assurances sur la vie, en prenant à leur charge la moitié de la prime à payer. Enfin pour parer à la mortalité des nouveaux-nés, que les mères obligées de retourner trop tôt à leur atelier seraient portées à négliger, ils font visiter à leurs frais les femmes en couches par des matrones attitrées et leur paient intégralement leur salaire jusqu'à leur entier rétablissement. Au bout de peu d'années cette mesure avait produit des résultats si probants que M. Jean Dollfus en fit l'objet d'une communication à la Société industrielle. L'exemple fut immédiatement suivi par d'autres maisons et il s'est formé une association de femmes en couches dont l'organisation est centralisée chez MM. Dollfus-Mieg & Cie.

C'est également à M. Jean Dollfus qu'est due l'initiative de la création de la Halle couverte, construite en 1865. Il fut, avec MM. André Kœchlin et Jean Zuber père, un des trois mulhousiens qui, en 1841, acquirent plusieurs bâtiments et terrains inoccupés, situés sur le quai du Fossé, et dont ils firent don à la ville pour être affectés à un nouvel hospice, celui qui existe encore aujourd'hui. Plus récemment, en 1879, il fit don du terrain nécessaire à la construction de l'église Saint-Joseph, élevée à la nouvelle cité. Avant la guerre, M. Dollfus avait été conseiller général et maire de Mulhouse de 1863 à 1869. Il est depuis quelques années commandeur de la Légion d'honneur. Après l'annexion, M. Jean Dollfus a accepté le mandat de député au Reichstag, et y représente le parti de la protestation.

M. Jean Dollfus, qui jouit d'une vieillesse robuste, a eu la fortune bien rare de pouvoir célébrer, le 30 octobre 1882, ses noces de diamant. A cette occasion, les plus vifs témoignages d'estime et d'affection furent prodigués, de tous côtés, à cet homme de bien.

Ernest M.

Comte de FRIES, Jean

Jean, comte de FRIES

La famille Fries est originaire de la Suisse. En 1396, Henri Fries s'établit à Mulhouse, où sa famille prit bientôt rang parmi les patriciens. Valentin Fries assista à la bataille de Marignan, avec le grade d'enseigne : ce fut lui qui prit le commandement du contingent de Mulhouse, après la mort du capitaine et du lieutenant, et qui le ramena dans ses foyers.

Jean-Jacques Fries, qui vécut de 1685 à 1759, eut deux fils, Philippe-Jacques et Jean. Ce dernier fut adjoint à une commission établie pour régler les relations de douane entre les Pays-Bas et les autres provinces de la monarchie autrichienne. Jean Fries se fit remarquer à un tel point dans ces conférences douanières, par son activité, par la vigueur de son esprit, comme par l'étendue de ses connaissances, que l'attention de l'impératrice Marie-Thérèse se porta sur lui. Elle comprit ce que valait le concours d'un homme pareil pour la prospérité de ses états et l'attacha à son service. Il devint la souche des comtes de Fries, florissante aujourd'hui encore, tandis que son frère aîné Philippe-Jacques, qui se fixa également en Autriche, donna naissance à la ligne des barons de Fries.

A peine installé dans son pays d'adoption, Jean Fries fut chargé de diriger l'exploitation des mines de l'Etat. Il s'acquitta de ces fonctions avec tant d'habileté et de succès, les résultats de ses travaux furent si favorables au trésor, que Marie-Thérèse ne laissa échapper aucune occasion de lui exprimer sa haute satisfaction et de lui en donner des preuves. A la même époque il fonda à Vienne une maison de banque, sous la raison sociale Fries & Cie. Il facilita et activa singulièrement le commerce de l'Autriche avec l'Orient, en commanditant à Roustschouk une maison pour l'exportation des marchandises allemandes à Constantinople. Enfin pendant la guerre de Sept ans, il mit au service du pays toutes les ressources de son esprit, de son crédit et de sa fortune personnelle; non seulement il négocia plusieurs emprunts pour le trésor, mais encore il soutint, de ses deniers, les armées de Laudon et les pourvut de munitions de tous genres. Tant de bons offices, un zèle si éclairé et si efficace ne restèrent pas sans récompense, et Marie-Thérèse, puis son fils Joseph II, comblèrent Jean Fries des témoignages de leur reconnaissance. En 1757, il fut élevé au rang de chevalier, en 1767, à celui de baron, en 1783, à celui de comte de l'empire, et investi du titre de conseiller royal et impérial. En sa qualité de propriétaire des seigneuries de Vœslau et d'Orth il fut admis dans le corps de la noblesse d'Autriche; l'acquisition des terres de Dehnenlohe et d'Oberschwammingen lui ouvrit les rangs de l'ordre équestre du cercle de Franconie. Son dévouement aux intérêts publics ne lui fit pas négliger ses affaires particulières. Outre les vastes propriétés et les châteaux que nous venons de citer, il acheta à Vienne même un quartier entier et y fit élever entre autres le palais des Fries, en face de celui du marquis Pallavicini. Jaloux de perpétuer l'éclat et la puissance de sa maison, il mit tous ses soins à créer un majorat en faveur de sa famille. Il s'adressa dans ce but au gouvernement républicain de sa ville natale. M. N. Ehrsam a reproduit dans son *Bürgerbuch* de Mulhouse, la requête qu'il adressa à ce sujet au conseil de la ville. Peu après les propriétés de Dehnenlohe et d'Oberschwammingen furent affectées à ce majorat, avec un capital d'un million de florins. On conserve encore les titres de fondation ; mais il est douteux qu'ils aient reçu la sanction du gouvernement impérial ; car les terres en question furent aliénées plus tard. Enfin le comte de Fries institua son fils aîné héritier universel de sa fortune, afin d'en assurer l'intégrité dans la suite des ans.

Jean de Fries, en dépit du bonheur qui avait toujours présidé à ses entreprises, eut une fin tragique. Le 19 juin 1785, on trouva son corps dans une pièce d'eau des jardins de Vœslau. Y eut-il accident ou suicide ? Nul ne l'a jamais su. Toujours est-il qu'à cette heure fatale, la situation de ses affaires était des plus brillantes. Il était né en 1719.

Son fils aîné, le comte Joseph, hérita de tous les biens de la famille. Passionné pour les beaux-arts, il partit pour l'Italie, où il passa quelques années à recueillir des tableaux, des statues, des gravures et des instruments de musique. Les collections du comte de Fries eurent une célébrité européenne. Gœthe le rencontra en Italie et noua avec lui d'intimes relations : l'illustre poète parle souvent de lui dans ses lettres. Joseph de Fries mourut à Vœslau, le 6 avril 1788, à l'âge de 23 ans, laissant ses biens et la maison de banque à son frère Maurice. Par le mariage du comte Maurice I avec la princesse Thérèse de Hohenlohe-Waldenbourg-Schillingsfürst, le comte Maurice II et son fils Auguste, seuls descendants mâles du Mulhousois qui a fait cette grande fortune, sont proches parents du Statthalter actuel d'Alsace-Lorraine.

MARÉCHALE LEFEBVRE

LA MARÉCHALE LEFÈBVRE
DUCHESSE DE DANTZIG

La célébrité dont a joui la duchesse de Dantzig est d'une nature toute particulière ; mais on ne saurait la nier. La légende s'est emparée de son nom et a fait d'elle le type de la parvenue qui, partie de très bas, égaie par ses trivialités la cour et la ville. Heureusement la duchesse a d'autres titres au souvenir des hommes.

La maréchale Lefèbvre est née dans la vallée de Saint-Amarin, d'André Hübscher, bûcheron, et de Madeleine Christen, domiciliés à Willer. D'après les renseignements que nous avons recueillis dans sa propre famille, elle était en condition dans cette commune, lorsqu'elle fit la connaissance du sergent Lefèbvre. La jeune fille s'éprit du vaillant soldat. Elle abandonna sa place et épousa son séducteur.

Quand les grandeurs vinrent chercher le maréchal et sa femme, ils n'étaient plus jeunes, ni l'un, ni l'autre. La maréchale avait eu une éducation fort négligée. Mais elle était bonne et dévouée. Le maréchal l'avait aimée ainsi, et tout en se laissant faire duchesse, en partageant une gloire et un rang justement acquis, elle ne crut pas nécessaire de changer de façon. Travestie en duchesse, s'efforçant d'en prendre le ton et les manières, elle eût été ridicule pour tout le monde ; restée toute simple, toute ronde, vulgaire sans doute, mais toujours naturelle, elle pouvait paraître une singularité, mais elle n'était pas ridicule. Elle était heureuse et fière du présent, et certes, elle en avait le droit, mais elle en était d'autant plus heureuse et plus fière, qu'elle n'avait pas oublié le passé.

Les grandes dames, dont l'Empereur put se repentir d'avoir accueilli les maris, se moquaient de la maréchale Lefèbvre et lui fabriquaient des mots à plaisir, comme : *C'est la femme à Lefèbre et la celle à Lannes !* La duchesse de Dantzig — elle exigeait qu'on l'appelât ainsi — n'a jamais dit cette sottise, car elle avait beaucoup de bon sens et infiniment d'esprit naturel. Napoléon, qui ne cachait pas l'ennui que lui causait le caquetage prétentieux de certaines grandes dames, aimait beaucoup à causer avec la maréchale Lefèbvre. Son ton naturel et franc lui plaisait, l'amusait, lui rappelait les camps et le langage spirituellement frondeur du peuple. En présence de l'empereur jamais personne ne se serait permis une plaisanterie sur la maréchale, pour laquelle il proclamait tout haut son affection et son estime. Les plaisanteries, on les gardait pour le salon de l'impératrice Joséphine ou pour celui de la reine Hortense, et encore faillait-il les faire assez bas pour que la maréchale n'en fût pas informée, car elle avait bec et ongles, la langue bonne, et le mot *pécore* ne lui écorchait pas la bouche. Toutefois son langage était plus pittoresque que trivial. Elle disait des choses originales, singulières pour le monde où elle vivait; mais ces choses toutes pleines de bon sens, pour être présentées avec une hardiesse de forme peu usitée dans la haute société, ne perdaient rien de leur mérite.

Le maréchal disait volontiers : « Quand j'étais sergent ! » de même que Napoléon ne craignait pas de dire : « Quand j'étais lieutenant », au risque de scandaliser les rois ses nouveaux *cousins* et *bons frères*. Pour la maréchale, si elle se montrait fière de son titre, c'est qu'il est beau pour une femme d'appartenir à un homme dont les services ont mérité le bâton de maréchal; si elle exigeait qu'on la nommât duchesse de Dantzig, c'est que son mari avait pris Dantzig et que de pareilles choses sont bonnes à rappeler, ne fut-ce que par un nom.

La duchesse de Dantzig avait voué à l'Empereur un culte que le malheur ne put refroidir. Voici un trait qui montre à quelle hauteur sut se tenir son âme aux heures douloureuses où l'ingratitude glaçait tous les cœurs. Au mois de février 1814, M. Kœchlin, de Mulhouse, se trouvant à Paris, rendit visite à sa compatriote. Quand il entra dans le salon de la duchesse, une personne se leva et se retira. « Vous avez vu ce Monsieur, dit Mme Lefèbvre à M. Kœchlin. Il est parent du duc de ***, il vient intriguer pour qu'on prononce au Sénat la déchéance de l'Empereur !... Vous allez retourner à l'armée; dites à mon mari que s'il était capable d'une telle infamie, je le prendrais par les cheveux pour le traîner aux pieds de l'Empereur. Prévenez le maréchal de tout ce qui se trame ici. » M. Kœchlin, de retour au quartier général, informa Lefèbvre qui en parla à l'Empereur. Il avait été convenu que pendant cet entretien M. Kœchlin se tiendrait à distance, afin de pouvoir être appelé pour confirmer ces nouvelles de Paris. Mais Napoléon écouta les récits de Lefèbvre sans changer de physionomie, sans questionner et sans répondre un mot.

Mme Lefèbvre était humaine et sensible. Nous avons sous les yeux un billet adressé par elle à un solliciteur : « Si dans votre lettre, y lit-on, vous n'auriez pas dénoncé (nous respectons scrupuleusement le style et l'orthographe) celui qui a déchiré l'Empereur, je la lui aurait montré; mais comme sa n'est pas dans mon caractère d'ôter le pain à un homme sur une dénonciation, je la garde pour moi. »

Mais ce qui la distinguait surtout, c'était une bonté en quelque sorte maternelle pour tout ce qui portait ou avait porté l'uniforme. Prodiguer ce qu'elle possédait à des soldats malheureux ou souffrants lui paraissait chose si naturelle et si simple, qu'elle le faisait sans y songer. Jamais un militaire ne frappa vainement à sa porte, et sous la Restauration, alors que de malheureux soldats mutilés sollicitaient une aumône du pays, il suffisait que leur infortune fût connue de la maréchale Lefèbvre, pour qu'elle fût aussitôt soulagée.

Quand le duc de Dantzig mourut, sa femme vendit ses diamants pour lui élever un tombeau. Elle se retira ensuite dans sa terre de Combault, et ne s'occupa plus que de rendre service à son prochain. Elle s'éteignit à Paris, en 1834, et fut inhumée à côté de son mari au Père-Lachaise.

L'abbé WINTERER

WINTERER, Landelin

E st une des personnalités les plus marquantes de l'Alsace. Curé de Saint-Étienne de Mulhouse, député au Parlement allemand, membre de la Délégation provinciale, il a su, dans chacun de ces postes difficiles, se concilier l'estime de tout le monde en mettant au service du bien les inépuisables ressources d'une nature riche en magnifiques talents. Orateur distingué, écrivain fécond, politique sagace et prévoyant, il excelle dans tous les genres avec le même naturel et le même bonheur. Sa parole, énergique et fière, onctueuse et pénétrante, suivant qu'elle retentit sur la tribune ou dans la chaire chrétienne, a des accents superbes; sa plume élégante et facile a écrit des pages d'une délicieuse beauté; son caractère, trempé dans les grandes luttes, est aujourd'hui ce qu'il était hier « *qualis ab incepto* ». Il est l'homme d'une situation, toujours prêt à l'action, toujours infatigable dans le combat, toujours calme et tranquille, devant l'échec comme dans le triomphe. Un mot résume cette vie si bien remplie : M. l'abbé Winterer aime d'un amour passionné sa double patrie, l'Alsace et l'Eglise. Là se trouve le secret d'une activité qui grandit avec les années et d'un dévouement qui ne s'est jamais lassé.

M. l'abbé Winterer est né le 29 février 1832, à Soppe-le-Haut, dans la Haute-Alsace. Il fit de brillantes études au collége de Lachapelle, sous la direction de maîtres pour lesquels il a conservé la plus affectueuse reconnaissance, et subit avec succès les épreuves du baccalauréat. Dès son entrée au grand séminaire, les premières atteintes d'un mal cruel firent craindre pour ses jours. Heureusement rétabli, il fut nommé vicaire à Bitschwiller, près de Thann, puis à Colmar, et appelé, jeune encore, à Guebwiller pour créer une nouvelle paroisse dans cette importante cité industrielle. L'intelligente restauration de l'église Saint-Léger est tout entière son œuvre. Le passé avec ses glorieuses traditions sortait de ses ruines, et le sanctuaire ainsi reconstruit allait transmettre aux nouvelles générations le culte des grands et nobles souvenirs.

Différents articles, publiés dans la *Revue catholique*, avaient déjà fait pressentir le polémiste habile, le vengeur de l'histoire dénaturée, le défenseur des libertés et des droits méconnus. Dans le Florival, au milieu de ce vallon tout parfumé de poésie, il sentit se réveiller en lui l'amour du sol natal. *Murbach et Casimir de Rathsamhausen* en eurent les prémices dans une brochure (1868) qui obtint un légitime succès. Sainte Odile cependant conquit ses préférences. Comme il l'écrivait lui-même, « nous aimons l'Alsace et ses gloires religieuses, la céleste figure de sainte Odile nous a particulièrement captivé », et, sous l'impression de ce sentiment chrétien et patriotique tout ensemble, il composa cette belle *Vie de sainte Odile* (1869) dans laquelle la science de l'historien, la sévérité du critique, la piété de l'hagiographe se rencontrent et se complètent dans une admirable unité.

L'année douloureuse de la guerre le trouva à Guebwiller occupé à rassurer les populations et prêt à déployer pour la patrie toutes les énergies de son patriotisme. Mais déjà l'année suivante, en 1871, nous le voyons à Mulhouse, depuis le théâtre de son activité. C'est au milieu de cette population ouvrière, si profondément chrétienne, qu'il put réaliser les plus chères aspirations d'un cœur doublé du prêtre et du citoyen. Il serait du plus vif intérêt de classer les nombreuses brochures qu'il écrivit comme curé pour l'édification du peuple confié à sa sollicitude. La variété des sujets traités, le charme et l'attrait de ces écrits populaires jetteraient un nouvel éclat sur cette physionomie si sympathique à tant de titres. Et cependant au milieu des fatigues d'un travail sans cesse grandissant, il songe encore à sauver de l'oubli une des pages les plus émouvantes de notre histoire et écrit la *Persécution religieuse en Alsace pendant la grande Révolution* (1876) pour fixer à jamais des documents qui s'égaraient et des souvenirs qui menaçaient de s'éteindre.

Il se porte partout où on l'appelle. Sa parole se multiplie pour chanter toutes les gloires et toutes les grandeurs. Elle retentit à Fribourg en Suisse, pour retracer les consolations et les tristesses de l'heure présente; elle remplit à Bâle les voûtes de la nouvelle église catholique pour célébrer la beauté de la maison de Dieu. Bientôt elle est appelée à se faire entendre dans une autre enceinte. Les élections de 1874 le portèrent au Parlement allemand pour représenter la circonscription de Thann-Altkirch. Ce mandat, renouvelé quatre fois depuis, il l'a toujours rempli avec la même dignité et le même dévouement. Personne n'ignore de quelle autorité il jouit dans la députation alsacienne. Les discours qu'il a prononcés à la tribune allemande pour revendiquer les droits de l'Eglise et de la famille en matière d'éducation, pour réclamer l'abolition de la dictature, pour motiver ses votes dans les lois contre les socialistes, ont eu un profond retentissement, non seulement dans le pays, mais au-delà des frontières du vaste empire allemand. Ce même rôle, il le poursuit, à Strasbourg, dans l'enceinte plus modeste de la Délégation provinciale dont il est l'un des membres les plus laborieux, les plus compétents et les plus respectés. On ne sait ce qu'il faut le plus admirer en lui, la mâle fierté du langage ou la merveilleuse souplesse d'un esprit accessible à toutes les questions.

Cette vie publique porta son attention sur l'un des plus grands dangers de la société actuelle, sur le socialisme. L'écrivain et l'orateur devaient se révéler comme publiciste avec un égal succès. Dans le *Socialisme contemporain* (1878) il essaya de tracer l'enquête historique du mouvement socialiste en Europe et en Amérique; dans les *Trois années de l'histoire du socialisme contemporain* (1882) il montra la marche des idées socialistes dans les diverses contrées de l'Europe et signala en même temps les causes du progrès du socialisme; dans le *Danger social* (1885) il dénonça publiquement le péril, obéissant, dit-il, à des vœux qui pour lui sont des ordres et croyant servir la plus sainte cause. M. l'abbé Winterer entrait ainsi dans la pléïade des illustrations qui, en France et en Allemagne, travaillent à la restauration d'une société ébranlée jusque dans ses fondements. L'Alsace peut être fière à bon droit d'un de ses plus nobles enfants, et plus tard, l'histoire résumant cette vie toute de labeurs et de dévouement, dira : il a bien mérité de l'Eglise et de la patrie. H. C.

ARNOLD, Jean-Georges-Daniel

ARNOLD, Georges-Daniel

L'AUTEUR du *Pfingstmontag*, est né à Strasbourg, le 18 février 1780. Orphelin à l'âge de 8 ans, il eut le bonheur de retrouver dans sa belle-mère, cet amour maternel que l'on retrouve bien rarement, après l'avoir perdu. C'est par ses soins qu'en 1787 il commença ses études au gymnase protestant de Strasbourg. Les événements vinrent entraver pour quelque temps le développement littéraire du jeune homme à l'issue de ses classes. Avide d'instruction, mais cédant aux nécessités du moment, il ne se découragea pas, il attendit, et entra en qualité de sous-chef au bureau de la guerre de l'administration départementale du Bas-Rhin : il n'avait que quinze ans.

Après la tourmente révolutionnaire, en 1796, nous le voyons reprendre ses études sous la direction des Oberlin, des Koch, des Schweighæuser, des Blessig et autres professeurs de la savante université. Ce fut à cette époque que se manifesta dans Arnold un goût très-vif pour la jurisprudence. Il ne se contenta pas des leçons reçues dans sa ville natale, et sur les conseils de ses maîtres, alla visiter les universités étrangères. A Gœttingue, il chercha à s'approprier les sciences, et se familiarisa avec les langues anciennes et modernes, la philosophie, l'antiquité, les beaux-arts, les sciences exactes et naturelles, la botanique surtout, pour laquelle il conserva toujours une grande prédilection. Ses succès furent si brillants que les hommes distingués dans cette partie des connaissances lui offrirent des chaires d'enseignement pour ces sciences, dans différentes universités du Nord de l'Europe. Mais le Droit, surtout dans son développement historique et ses rapports avec la marche de la civilisation, devait rester l'objet favori de ses travaux, et il était résolu à lui vouer sa carrière. Il parcourut les principales villes du Nord de l'Allemagne ; à Weimar il visita Gœthe. Après un séjour de deux ans de l'autre côté du Rhin, il revint à Strasbourg. L'amitié de Koch l'appelait à Paris, qu'il considérait d'ailleurs, avec raison, comme le point de réunion de tous les grands talents et de toutes les connaissances humaines. Il s'y rendit, et sut y conquérir la bienveillance et même l'amitié de MM. de Fontanes, Pastoret, Cuvier, Dupin, Chabot de l'Allier, Girod de l'Ain, et autres personnages marquants. Il alla ensuite en Italie : il a fait imprimer, et distribuer dans la suite à ses amis, la relation de ce voyage.

A cette époque se réorganisait l'instruction publique : déjà les Ecoles de médecine étaient instituées ; l'institution des Ecoles de droit les suivit en 1806. Arnold fut nommé professeur de code civil dans celle qui fut établie à Coblence, alors chef-lieu d'un département français. Ainsi à l'âge de vingt-six ans, muni de tout ce qui forme le savant et l'homme de goût, il se trouvait placé dans la carrière dont il avait fait choix. De nombreux élèves accoururent autour de sa chaire. Il se lia à Coblence avec le préfet, de Lezay de Marnésia, ce magistrat distingué que plus tard le département du Bas-Rhin eut le bonheur de posséder, et le malheur de perdre d'une manière si tragique.

Cependant un homme du mérite d'Arnold ne devait pas rester éloigné pendant longtemps de sa ville natale. Il aspirait de tous ses vœux à rentrer à Strasbourg, et Strasbourg le réclamait. Il fut nommé en 1810, professeur d'histoire à la Faculté de cette ville. L'histoire lui était aussi familière que la science du droit. L'affluence de ses auditeurs fut grande ; non seulement les étudiants, mais encore des personnes de toutes les classes de la société remplissaient la salle de ses leçons. Toutefois quelque fussent ses succès dans ce nouvel enseignement, ils n'avaient pu le rendre indifférent à la jurisprudence : cette science tenait toujours le premier rang dans ses affections. En 1811 il fut nommé à la chaire de droit romain. L'année suivante il publia sous le titre de *Elementa juris cirilis Justinianei cum codice Napoleoneo et reliquis legum codicibus collati*, un manuel dont le but était de faciliter l'intelligence du droit français en le mettant en paralèlle avec les Institutes de Justinien. D'après le témoignage solennel que ses élèves ont rendu sur sa tombe, il ne cessa d'être pour eux un père. Sa bibliothèque leur était ouverte, il les guidait dans leurs lectures ; il leur était accessible chaque jour et rien de ce qui pouvait aider leurs progrès ne lui était étranger.

Ses occupations nombreuses n'absorbaient cependant pas tous ses moments ; non seulement il fit de nouveaux voyages lointains, tels que celui d'Angleterre, mais encore il put consacrer une partie de son temps à des fonctions administratives. Déjà dans ses relations privées avec M. de Lezay de Marnésia, relations continuées à Strasbourg, il avait eu l'occasion de se rendre utile à l'Alsace, en fournissant à ce magistrat des renseignements précieux sur l'état du pays, et des vues non moins utiles sur son amélioration. En 1820, il fut nommé conseiller de préfecture. Dans la même année il devint doyen de la Faculté de droit et prit place dans le Directoire du Consistoire général de la confession d'Augsbourg. Le 18 février 1829, Arnold entrait dans sa cinquantième année : à quatre heures de l'après-midi, au moment de se rendre à une invitation du préfet, il mourut subitement.

Malgré sa science juridique, malgré la variété et l'étendue de ses connaissances, Arnold n'a pas laissé de renommée durable comme savant ou comme professeur ; on ne se souviendrait guère du poète lyrique, quoique ses poésies légères soient empreintes d'un vrai talent et que son élégie sur la mort de Blessig soit réputée une des pièces les plus remarquables du genre. Ce qui lui a valu un rang considérable dans l'histoire littéraire de notre pays, c'est une comédie en cinq actes : le *Pfingstmontag*. Cette œuvre populaire et nationale, en dialecte strasbourgeois, fut publiée en 1816, au profit des villages incendiés pendant le second blocus de la ville. Elle fut très goûtée à Strasbourg, immédiatement après son apparition, mais elle serait peut-être restée ignorée du grand public, si Gœthe n'en avait donné une analyse très élogieuse dans sa Revue artistique et critique : *Kunst und Alterthum in den Rhein und Meingegenden*. L'effet de cette critique fort bienveillante fut immense, et dès lors l'œuvre et le nom de l'auteur se répandirent de tous côtés. Le *Pfingstmontag* a eu depuis 1816, plusieurs éditions ; un artiste alsacien, Théophile Schuler, l'a illustré.

SOURCES ; Discours prononcés aux obsèques de M. Arnold ; Kurtz, *Geschichte der Litteratur* ; *Encyclopédie des gens du monde*, art. par Ehrenfried Stœber, tome II, p. 234 ; *Oeuvres complètes de Gœthe*, édit. 1850, t. 26, p 169 ; *Allgemeine deutsche Biographie*, p. 586, 1875, Leipzig ; *Catalogue général de la librairie française ;* Dezobry, Dict., p. 146 ; Baquol-Ristelhuber, *l'Alsace ancienne et moderne ;* Rapports sur les travaux de la Société des sciences, agriculture et arts du Bas-Rhin, etc., etc.

ANT. MEYER, PHOTOG. COLMAR   DÉPOSÉ

GÉNÉRAL BEKER, NICOLAS

LE COMTE BEKER, Nicolas

LIEUTENANT-GÉNÉRAL, naquit à Obernai, le 13 janvier 1770. Son nom patronymique était Bægert, qui dans la suite fut changé en celui de Beker. Ses parents le destinaient à l'état ecclésiastique, mais à 17 ans il quitta secrètement le collége de Molsheim et s'enrôla comme volontaire dans le régiment de Languedoc-Dragons. Ses débuts à l'armée furent pénibles. Cependant en 1792 il se fit remarquer par sa valeur et son intelligence dans les combats d'avant-postes : il fut nommé sous-lieutenant de hussards après la bataille de Nerwinde, lieutenant après celle de Wattignies (1793), et dès lors sa fortune fut rapide.

La Convention l'envoya peu après en Vendée. A peine arrivé sur le territoire insurgé, il fut promu au grade d'adjudant-général et mis à la tête de l'importante région militaire de Fontenay et de la Chataigneraie. Le jeune officier déploya dans ce poste une modération et une sagesse qui lui valurent l'estime des Vendéens eux-mêmes. Un jour le Comité du salut public lui enjoignit de livrer aux flammes Fontenay et la Chataigneraie, pour les soustraire à l'occupation de l'ennemi : il osa désobéir à deux reprises, et au péril de sa vie, en alléguant à l'appui de sa conduite des raisons d'ordre militaire. Le Comité du salut public reconnut heureusement la justesse de ses observations et les deux villes furent sauvées. Cette circonstance était restée ignorée des populations. Quelque temps après les habitants de Fontenay se plaignent auprès de lui du fardeau de plus en plus lourd des réquisitions militaires. « *Croyez-vous*, leur répondit-il, *que je ne cherche pas à vous éviter les vexations autant qu'il est en mon pouvoir ?* Et leur ouvrant le registre de sa correspondance officielle : *Tenez et lisez* » En apprenant le danger qu'ils avaient couru les délégués, émus et confus, se jettent dans les bras de l'officier ; puis la nouvelle s'étant répandue au dehors, hommes, femmes et enfants envahissent la maison et remercient leur libérateur. En 1795, le gouvernement songea à faire des propositions de paix aux chefs des insurgés. L'adjudant-général Beker fut chargé d'aller à la recherche de Stofflet, qui cachait sa retraite. Couvert d'une vieille redingote, il s'abandonna au hasard, tout seul, dans le pays en ruines. Il fut arrêté à Chatillon et conduit sous une étroite surveillance à Cerizais, où se tenait l'état-major de Stofflet : peu de temps après Stofflet faisait sa soumission.

De 1796 à 1799, l'adjudant-général Becker est successivement commandant de la place d'Utrecht, en Hollande, chargé d'une division au combat de Sultzbach, et chef d'état-major du général d'Hédouville qui conduisait une expédition contre Saint-Domingue. Quand il revint en Europe, Moreau, qui dirigeait alors les opérations, lui donna le commandement de son arrière-garde. A Cassano, notre héros opposa une résistance acharnée aux Russes ; quoique débordé par le nombre, il opéra sa retraite en bon ordre et ne cessa de combattre qu'après avoir eu deux chevaux tués sous lui, et le bas-ventre traversé par un biscaïen. On l'emportait sur un brancard quand parut Souwarow. Les Russes ne faisaient guère quartier à leurs adversaires. Le reconnaissant, Souwarow s'écria : « *Général, vous êtes blessé mortellement, vous avez assassiné votre roi, détruit la religion. Recommandez votre âme à Dieu.* »

Le pauvre blessé, qui ne se connaissait pas tous ces crimes, recommandait déjà son âme à Dieu, lorsque le général autrichien Zopf survint et le sauva de la cruauté des Russes.

Bonaparte jeta les yeux sur le général Beker, lorsqu'il voulut établir la sœur du général Desaix. Le mariage fut conclu en présence de Napoléon et de sa famille, de Moreau, de Rapp, etc. Immédiatement après Beker se distingua sous les ordres de Moreau, à la journée de Hohenlinden, à la suite de laquelle il fut nommé général de brigade. A Austerlitz (1805), il commande une brigade à l'extrême gauche de l'armée et concourt par son énergie au succès de la belle combinaison stratégique qui décida de la journée. Le lendemain il est, sur le champ de bataille, promu au grade de général de division, par décret motivé de l'Empereur. Les campagnes de Prusse et de Pologne lui fournirent l'occasion de se signaler par une série de hauts faits d'armes. Après la bataille d'Iéna il est chargé de poursuivre les Prussiens dans la direction de Stettin. Il est victorieux à Ancklam notamment, où il fait de nombreux prisonniers, parmi lesquels un régiment de la garde royale. Le nom du général Beker est encore glorieusement cité dans les combats livrés en Pologne. Pendant l'hiver de 1806 à 1807, Napoléon lui donna le commandement d'un front très étendu d'avant-postes chargés de résister aux attaques incessantes des Cosaques. Après la paix de Tilsitt il le créa comte de l'Empire et le nomma gouverneur de la Silésie (1808).

En 1809, nous le voyons combattre contre l'Autriche en qualité de chef d'état-major du maréchal Masséna. A la bataille d'Essling, où il avait vaillamment secondé son chef, il fut le seul général décoré, dans cette circonstance, de la grande plaque de la Légion d'honneur.

Tant de glorieux services ne purent l'empêcher de tomber en disgrâce. Sa gloire lui avait suscité des jaloux, et il s'exprimait hautement contre la guerre d'Espagne : il reçut l'ordre de rentrer en France. Beker refusa depuis un commandement supérieur en Espagne, se retira dans sa terre de Mons près d'Aigueperse (Puy-de-Dôme) et resta en non activité jusqu'à la première Restauration.

En 1814 le Roi le mit à la tête des troupes refoulées vers le centre. Au retour de l'île d'Elbe, le département du Puy-de-Dôme l'envoya siéger à la Chambre des représentants. Après Waterloo, ses collègues l'investirent du commandement de la garde chargée de veiller à la sûreté de l'assemblée; en même temps il fut appelé par Napoléon à concourir à la défense de Paris. Après l'abdication de l'Empereur il reçut l'ordre de se rendre à la Malmaison pour prendre le commandement de la Garde. C'était une mission délicate qu'il remplit avec un dévouement qui ne se démentit jamais pendant les trois semaines qu'il resta auprès du souverain déchu. En se séparant de lui à Rochefort, Napoléon lui dit : « *Embrassez-moi, général, je vous remercie de tous les soins que vous avez pris de moi* »; et avant de monter à bord du *Bellérophon* il lui fit remettre, par le général Bertrand, une croix d'officier de la Légion d'honneur qu'il avait portée.

Le gouvernement de la Restauration témoigna au général Beker une grande bienveillance. Il fut compris dans le cadre des 18 lieutenants-généraux mis à la tête de l'état-major, créé pair de France en 1819, et décoré du cordon de commandeur de Saint-Louis au sacre de Charles X.

Le comte Beker mourut à Mons, le 18 novembre 1840. Son nom est gravé sous les voûtes de l'Arc de Triomphe.

A.U.

LIX, Frédéric-Théodore

LIX, Frédéric-Théodore

ARTISTE peintre et dessinateur en renom, est né à Strasbourg, le 18 décembre 1830. Son père, Frédéric-Jacques Lix, mort en 1866, a organisé dans notre métropole alsacienne le corps des sapeurs-pompiers, dont il est longtemps resté commandant, fonction qui lui valut la décoration de la Légion d'honneur, à la suite de plusieurs actions d'éclat. De ses deux frères, l'un est mort en qualité d'ingénieur des ponts-et-chaussées, après des études brillantes, tandis que l'autre est parti pour l'Australie d'où il a envoyé à Paris d'intéressantes collections de botanique.

Après avoir pris ses premières leçons de dessin chez un sourd-muet, le jeune Lix entra dans l'atelier de Gabriel Guérin, avec Henner, Jundt, Touchemolin, Leclou, ce dernier devenu directeur du Musée d'artillerie. En 1848, quelques jours avant la révolution de février, il se trouva admis à Paris dans l'atelier de Drolling, où il se lia d'amitié avec Paul Baudry et Jules Breton, et où son camarade Henner l'avait précédé d'un an. Deux fois, il concourut pour le prix de Rome et obtint la mention honorable. Ses moyens ne lui ayant pas permis de continuer à revenir au concours, tout en peignant toujours, il commença à faire des dessins pour les journaux illustrés, branche de l'art, où son talent sérieux et précis lui acquirent vite une réputation justement méritée.

Depuis trente ans, le Salon de peinture à Paris

offre à chaque exposition nouvelle des tableaux de Lix, quoique le sympathique artiste donne au dessin la meilleure partie de son temps. Sa première œuvre du Salon date de 1857 : elle a pour sujet la *Récolte du houblon en Alsace*. En 1860, Lix exposa la foire de Noël, *Kristkindelmärk*, acheté par M. Massé, alors directeur du Musée de Strasbourg, et brûlé pendant le bombardement funeste du mois de septembre 1870. Comme Jundt, Pabst et Brion, l'auteur du *Kristkindelmärk* s'applique particulièrement à représenter des scènes alsaciennes. Aucun n'a mieux compris ni rendu avec une égale fidélité le caractère propre à notre pays et à sa population. Epris de poésie et doué d'une sensibilité exquise, observateur délicat et fin, Lix ne se laisse pourtant jamais emporter par l'imagination. Point de fantaisie dans ses œuvres, mais une fidélité complète, poussée jusqu'au scrupule. La perfection de l'art, son idéal constant ne vise pas à embellir la nature, mais à choisir ses motifs en laissant à chacun son expression propre, en restant véridique et précis. C'est là le mérite essentiel de ses productions, aussi variées que nombreuses, qu'il s'agisse de rendre une scène de mœurs ou une page d'histoire.

Parmi les sujets alsaciens dus au pinceau du maître, tout le monde a admiré le *Traque au lièvre*; la *Pêche au saumon dans le Rhin*; les *Femmes de pêcheurs attendant le retour de leurs maris*; la *Chasse au coq de bruyère*; une *Idylle*; la *Leçon de musique*; la *Mauvaise conscience*; la *Valse*; les *Adieux à la patrie*; les *Vendangeurs*. Parmi ses tableaux d'histoire et ses sujets religieux, nous signalerons entre autres *Camille Desmoulins au Palais-Royal*; *Patrie*; *Andromède*; *Sainte Marguerite, martyre*; le *Christ au Golgotha*. Cette dernière toile a figuré l'an passé au Salon de Mulhouse et est traitée avec beaucoup de vigueur, avec une émotion vraie. En même temps Lix exposait au Salon de Paris les *Vendangeurs*, réminiscence des *Moissonneurs* de Léopold Robert, que M. Fleischhauer, président de la Société Schongauer, a acquise pour le Musée des Unterlinden à Colmar. Par un beau soir d'automne, un char chargé de cuveaux et attelé de bœufs descend à travers un chemin creux, au milieu des vignes. Dans le lointain, au-dessus des coteaux, pointent les ruines du château de Landsberg. Les vendangeurs, hommes et femmes, entourent le char en chantant, tandis qu'un jeune garçon, au front couronné de pampres, se tient devant les cuveaux, avec le fouloir à la main. Toute la scène respire la joie d'une récolte abondante, fruit d'un labeur fécond. Si la couleur n'a pas les tons chauds empruntés au ciel italien, les vendangeurs de Lix ne le cèdent en rien pour le mouvement et la vie aux moissonneurs de Robert.

C'est à cause de son mérite de scrupuleuse fidélité, que M. Charles Grad s'est adressé à Lix pour l'illustration de son grand ouvrage sur l'Alsace-Lorraine, véritable monument élevé à notre pays et qui doit rappeler à la France ce que valent ses deux provinces perdues. Pendant plus de vingt ans, Lix a été collaborateur assidu du *Monde illustré*, de l'*Illustration* de Paris, du *Musée des familles* et du *Tour du Monde*. Les éditeurs des œuvres de Victor Hugo, de Walter Scott, de Cooper, de Champfleury, de Lucien Biart, de Prosper Chazal, pseudonyme de notre regretté Lereboullet, un enfant de Strasbourg, celui-là aussi, lui ont fait exécuter plusieurs milliers de dessins, dont il a rapporté les types et les sujets de ses voyages en Allemagne, en Suède, au Dannemark, en Espagne et dans les diverses parties de la France. Lors de la construction du casino à Monte-Carlo, Lix a peint un des quatre plafonds du théâtre représentant la Comédie. Plus récemment il a exécuté dans un autre genre le rideau du théâtre des Menus-Plaisirs à Paris: *Tabarin et Mondar sur le Pont-Neuf*, sujet qui a eu un grand succès et dont la presse artistique a fait un éloge unanime. Ses principaux tableaux acquis par l'Etat sont disséminés dans les musées de France. Aussi bien faut-il regretter que nos assemblées publiques, disposant du budget de l'Alsace-Lorraine, ne trouvent pas à consacrer quelques légers crédits aux beaux-arts en offrant aux musées du pays quelques œuvres de nos maîtres alsaciens, suivant les bonnes traditions et l'exemple donné par le gouvernement français. Autrefois, avant l'annexion allemande, le gouvernement gratifiait chaque année nos musées de Strasbourg, de Colmar et de Metz de tableaux ou de statues acquis par l'Etat au Salon annuel de la capitale. Pourquoi cette bonne tradition ne serait-elle pas reprise aujourd'hui au grand avantage de l'éducation artistique du pays. Le Landesausschuss et les Conseils généraux seraient bien inspirés, après les sacrifices faits pour l'installation de l'Université de Strasbourg, en n'oubliant pas les beaux-arts. Certes, les ressources de l'Alsace-Lorraine permettent sans trop de peine de trouver un modeste crédit en faveur de nos sociétés artistiques pour l'acquisition de quelques tableaux signés par des maîtres alsaciens, dignes d'un pareil encouragement! C. G.

ANT. MEYER, PHOTOG COLMAR DÉPOSÉ

RISLER, Charles-Eugène

RISLER, Charles-Eugène

Directeur de l'Institut agronomique de France, est un des plus vigoureux et des plus heureux athlètes de la grande lutte engagée entre l'agriculture de notre vieille Europe et celle du nouveau monde. Nous ne pouvons guère combattre aujourd'hui la concurrence de l'Amérique, des Indes orientales, de l'Australie, qu'en employant toutes les ressources de la science pour améliorer les prix de revient. M. Risler s'est voué à cette tâche difficile avec un succès que témoignent les hautes distinctions dont il a été l'objet.

La famille Risler tient une des premières places dans l'histoire de la création et du développement de notre industrie alsacienne. Originaire de la Suisse, elle fut mêlée aux débats religieux qui signalèrent le XVIᵉ siècle, et obligée de s'exiler de Porrentruy. Elle se scinda et s'établit, en 1540, à Mulhouse et à Montbéliard. A cette époque, ses membres avaient pour nom Rossel. Les Rossel de Montbéliard continuèrent à s'appeler Rossel; ceux de Mulhouse changèrent leur nom contre celui de Risler. Ces derniers fournirent, ainsi que le constate le *Bürgerbuch* de Mulhouse, un grand nombre de magistrats distingués à leur ville d'adoption. Mais ce fut dans l'industrie surtout qu'ils devaient se distinguer. En 1762, Mathieu Risler organise le premier, dans le Haut-Rhin, le tissage des toiles de coton; en 1818, Jérémie Risler fonde à Cernay les premiers ateliers de construction mécanique. Cet établissement créé sous la raison sociale Risler frères et Dixon, prit successivement une telle extension, qu'il construisit bientôt toutes les machines possibles pour toutes les industries et tous les moteurs, soit hydrauliques soit à vapeur. En 1829, le même Jérémie Risler s'associe avec son cousin André Kœchlin pour jeter les fondements d'une entreprise analogue à Mulhouse. En 1838, il créa la première filature de laines, connue plus tard sous un autre nom que le sien, et mourut en 1846, avant d'avoir pu voir l'énorme prospérité que cette nouvelle industrie devait atteindre.

Charles-Eugène Risler, son fils, naquit à Cernay, le 5 novembre 1828. Il commença ses études à Mulhouse et les termina au collége royal de Strasbourg. Fidèle à des goûts qui étaient devenus héréditaires dans sa famille, il se sentit de bonne heure attiré vers les sciences ; mais ce ne fut pas l'industrie, ce fut l'agriculture qui devait bénéficier des résultats de ses efforts. Pour se préparer au rôle qu'il s'était tracé, il partit, en 1848, pour l'école d'agriculture de Grignon ; de là il alla en Wurtemberg et continua le cours de ses études à Hohenheim. Après un séjour de deux ans en Allemagne, il revint à Paris, et travailla dans le laboratoire que venait de créer Wurtz, rue Garancière, avec MM. Verdeil et Charles Dollfus. M. Verdeil, nommé chef des travaux chimiques à l'institut agronomique de Versailles, prit M. Risler pour préparateur. Ils firent ensemble un travail des plus remarquables sur les matières solubles des terres fertiles. (*Comptes-rendus de l'Académie des sciences, 1853.*)

Un malheureux caprice du gouvernement de Louis-Napoléon supprima l'école supérieure d'agriculture, que la République de 1848 avait fondée. M. Risler profita des loisirs qui lui étaient faits, pour reprendre ses voyages agronomiques. Il visita successivement les divers départements de la France, l'Angleterre, l'Ecosse, etc. Le fruit de ces studieuses pérégrinations ne fut point perdu pour le public. Le *Journal d'agriculture pratique* publia des rapports qui le classèrent immédiatement parmi les maîtres d'une science dont l'utilité ne sera jamais contestée.

En 1856, M. Risler se maria en Suisse et acheta à Calèves, près de Nyon (canton de Vaud) une propriété de quatre-vingts hectares, où il expérimenta, avec un bonheur auquel tous les hommes compétents rendent hommage, les principes que son expérience lui avait enseignés. On trouve dans ses terres une station agronomique avec laboratoire de chimie, un observatoire météorologique, etc., etc. Les améliorations qu'il apporta à la culture de la propriété de Calèves, ont été soigneusement consignées dans les *Archives des sciences physiques et naturelles de Genève*, dans les *Bulletins de la Société d'agriculture de la Suisse romande*, dans le *Journal d'agriculture pratique* de Paris, dans les *Annales de l'Institut agronomique* et dans les *Mémoires de la Société nationale d'Agriculture*.

Quand les désastres de 1870-1871 vinrent fondre sur sa patrie, M. Risler se dévoua avec un zèle qui ne connut pas de bornes à ses malheureux compatriotes réfugiés en Suisse. Il fit partie du comité central de secours, formé par les agriculteurs suisses, qui envoya pour près de 400,000 fr. de semences aux départements ravagés du Nord-Est. Ces événements funestes avaient rendu plus vifs encore les liens qui l'attachaient aux vaincus. La noble ambition de se rendre de plus en plus utile à son pays le décidèrent à rentrer à Paris, qui lui offrait d'ailleurs d'inépuisables ressources pour l'éducation de ses fils. L'Institut agronomique dans lequel il avait débuté, en 1852, comme chimiste, venait d'être réorganisé sous la direction de M. Tisserand, son ami, au Conservatoire des Arts et Métiers. Il y fut appelé en qualité de professeur d'agriculture, et ne tarda pas à en devenir le directeur. Depuis cette époque il n'a cessé de se vouer au développement de cette école supérieure.

Le nombre de ses ouvrages, brochures, publications de tous genres est trop considérable pour que nous en puissions donner l'énumération. Signalons toutefois le livre où il a indiqué les méthodes perfectionnées de production du blé, livre intitulé *Physiologie et culture du blé*, et que la librairie Hachette vend par milliers d'exemplaires; puis la *Géologie agricole* dont la maison Berger-Levrault a publié le premier volume, et où l'auteur décrit tous les terrains de la France et des pays voisins, les engrais qui leur conviennent, etc.

M. Risler est officier de la Légion d'honneur. Il a occupé une chaire à l'école centrale des Arts et Manufactures, a fait partie du Jury de l'Exposition universelle, est membre d'une foule de sociétés et de commissions, parmi lesquelles nous citerons la Société nationale d'agriculture, et le Conseil supérieur de l'Instruction publique.

ANT. MEYER, PHOTOG. COLMAR   DÉPOSÉ

BLECH, Jacques

Jacques BLECH

ANUFACTURIER, créateur en Alsace de l'industrie des tissus mélangés, est né à Sainte-Marie-aux-Mines, le 5 février 1796. Il était petit-fils de Jean-Georges Reber, qui a fondé dans la vallée de la Lièpvre, en 1755, la première manufacture de cotonnades. Sa famille paternelle est originaire du Sundgau, où un de ses ancêtres, Jean Blech, bailli de Landser, a été anobli, en 1589, par lettres patentes de l'archiduc Ferdinand d'Autriche. Natif de Mulhouse, son père, qui portait également le prénom de Jean, épousa, en 1789, Elisabeth, une fille de Reber, dont il eut six enfants : Georges, Charles, Jacques et Julie; plus deux autres morts en bas âge. En 1823, Jacques, le troisième de ses enfants, a épousé en premières noces Joséphine Ziegler, fille de Jean-Jacques Ziegler-Blech, gendre de François-Joseph Blech, chef d'une importante fabrique d'impression sur étoffes établie à Mulhouse, sous la raison sociale Blech frères et Cie. Sa première femme étant morte, après dix années d'une union heureuse et après lui avoir donné quatre fils, Jacques Blech se remaria avec Mlle Stéphanie Bader de Strasbourg, qui augmenta sa famille de deux autres fils; mais en se dévouant avec une égale affection à l'éducation des enfants issus du premier lit. En 1859 sa robuste santé fut atteinte gravement et il succomba le 14 octobre 1863 à une pénible maladie cérébrale, après avoir occupé un rang distingué dans notre monde industriel.

Sainte-Marie-aux-Mines, on le sait, occupe une place à part dans l'industrie manufacturière de l'Alsace. Ses produits se distinguent des articles textiles du rayon de Mulhouse par des qualités particulières et ses chefs d'établissements occupent avec les ouvriers réunis dans de grands ateliers de nombreux tisserands travaillant à domicile. Les ouvriers occupés par cette branche spéciale sont au nombre de 14,000 à 15,000, en majeure partie disséminés dans les montagnes et en plaine, à distance du centre d'affaires. Quant aux tissus fabriqués, ils se composent surtout de laine, de coton et de soie mélangés de manière à produire une grande variété d'articles divers vendus dans tous les pays du monde. Lorsque Reber, dont le Dr Muhlenbeck a raconté la laborieuse carrière dans ce recueil des *Biographies alsaciennes*, vint s'établir de Mulhouse à Sainte-Marie, la population de la vallée travaillait aux mines d'argent ou vivait de l'agriculture. Pour l'industrie textile, tout était à créer : la filature, la teinture, le tissage. Le fil de coton se confectionnait encore à la main, comme le lin et le chanvre de nos paysans. On donnait le coton à filer à façon dans les pauvres communes du Ban-de-la-Roche, pour le teindre ensuite soit à Lyon, soit à Sainte-Marie et le faire tisser à domicile. Aux étoffes en coton pur à carreaux rouges, appelées siamoises, Reber ajouta dès 1770 les tissus mélangés de lin et de coton, puis les produits plus fins tels que les guinghams, les mouchoirs, les madras, articles également réputés pour l'éclat des couleurs et le bon goût des dessins.

Les établissements de Reber ayant passé entre les mains de son fils et de ses deux gendres Jean Blech et Daniel Risler, ceux-ci furent amenés à liquider les affaires de l'ancienne maison J.-G. Reber et Cie, à la suite des désastres de l'invasion de 1815. En 1818, la veuve de Jean Blech se trouva seule propriétaire de l'atelier de teinture et du tissage qu'elle transmit à ses fils Georges et Jacques. Ce dernier fut rappelé, à cet effet, de Rouen où il complétait son éducation commerciale, commencée dans la maison Gaspard Dollfus à Mulhouse. Les deux frères exploitèrent leur établissement en commun, à partir du 1er août 1818, sous la raison sociale Blech frères, qui subsiste encore aujourd'hui entre trois fils de Jacques. Georges s'est retiré à son tour, en 1849, au milieu d'une prospérité parfaite, légitime récompense d'un travail intelligent et opiniâtre. Resté seul, Jacques Blech continua à diriger les affaires de la maison jusqu'à sa mort, après s'être toutefois associé à partir de 1853 ses fils Jean-Jacques et Charles, auxquels se joignit plus tard leur frère plus jeune, Fernand.

Tout naturellement l'attention apportée à son industrie par Jacques Blech l'amena à y introduire tous les perfectionnements dont elle était susceptible par la transformation de l'outillage toujours tenu à la hauteur des progrès sanctionnnés par l'expérience, ainsi que par la création de produits et d'articles nouveaux. Sainte-Marie-aux-Mines lui doit l'introduction des métiers à ratière et de l'appareil Jacquard pour le tissage des étoffes façonnées, puis à partir de 1840 les mélanges de laine et de soie tissées avec des fils de coton. Si la fabrication des cotonnades et des toiles de ménage en coton pur a marqué la première phase de l'industrie manufacturière dans la vallée de la Lièpvre, le tissage des fils de laine teints forme aujourd'hui la production principale de la contrée, embrassant d'ailleurs une grande variété de tissus à une ou plusieurs couleurs, avec dessins à carreaux, à rayures, à plumetis, à fleurs ou à arabesques. A lui seul, Jacques Blech employait dans ses ateliers 800 ouvriers, tant à Sainte-Marie-aux-Mines qu'à Châtenois, à Ebersheim et au Ban-de-la-Roche. Il avait pour ses ouvriers une grande sollicitude, les assistant dans une large mesure au milieu de leurs épreuves. Pour ses employés, dont il s'était fait autant d'amis, son principe était de laisser se développer leur initiative propre, certain de former ainsi un personnel d'élite. Son exemple était le meilleur enseignement pour ses auxiliaires et plusieurs industriels considérables, qui, comme Napoléon Kœnig, ont honoré plus tard la fabrique de Sainte-Marie-aux-Mines et y ont fait souche, ont débuté à son école dans la maison Blech frères.

Passionné pour le bien public, Jacques Blech s'est montré toute sa vie durant citoyen intègre et excellent patriote. Les qualités de l'homme privé étaient chez lui à la hauteur des mérites du manufacturier éminent. Comme membre du conseil municipal de sa ville natale, il a rempli dans des circonstances difficiles les fonctions de maire. Lieutenant des pompiers lors de la création de ce corps en 1826, capitaine de la garde nationale depuis 1830 jusqu'à sa dissolution en 1851, après le coup d'Etat de Louis Napoléon, membre de la Chambre consultative des arts et manufactures, du consistoire de l'église réformée, du bureau de bienfaisance, administrateur de l'hospice Chenal jusqu'à sa mort et qu'il agrandit à ses frais, cet homme de bien n'a jamais marchandé son concours dans toutes les circonstances où son dévouement ou sa générosité étaient invoqués. Les électeurs de Sainte-Marie-aux-Mines l'ont aussi envoyé de 1835 à 1852 au Conseil général du Haut-Rhin, où a siégé jusqu'en 1870 son fils aîné Jean-Jacques, et dont fait partie aujourd'hui le second de ses fils, M. Charles Blech, dont tout le monde, en Alsace, connaît l'ardent patriotisme. Ch. G.

MOREL, Daniel-Gabriel

MOREL

ANACLET-FRANÇOIS-LOUIS-GABRIEL

ST né à Colmar, le 28 août 1769. Son père, qui joignait de vastes connaissances en médecine à une grande habileté chirurgicale, partageait son temps entre l'enseignement, les devoirs de son état et la direction des hôpitaux de la ville. Né avec les dispositions les plus heureuses, Gabriel Morel fut admis dès sa plus tendre enfance dans l'amphithéâtre de son père, où il apprit à manier le scalpel en jouant et s'appliqua à l'anatomie et à la physiologie, à un âge auquel les autres enfants fréquentent généralement encore les écoles primaires. Ces travaux ne l'empêchèrent pas de faire de brillantes études au collége de Colmar. Ses classes terminées, il prit ses grades à l'Université de Strasbourg (6 septembre 1787), puis se rendit à Paris pour achever son instruction sous le célèbre Desault.

En 1789, il fut nommé chirurgien militaire, mais il ne prit service que plus tard. Témoin du grand mouvement qui se produisait alors en France, à ce moment de la vie où l'on sait encore s'éprendre du plus noble enthousiasme pour les idées généreuses, Morel revint dans sa ville natale, partisan dévoué des grandes réformes qui se préparaient. La garde nationale de Colmar le plaça à sa tête, en qualité de chef de bataillon, et il occupa ce poste jusqu'au jour où il partit pour l'armée. Appelé comme chirurgien-major de 1re classe, par commission du ministre de la guerre, Degrave, le

1er avril 1792, il assista au siége de Mayence. De retour à Colmar, il fut chargé par le directoire du district (14 mars 1794) d'assister Blanchard dans l'organisation, à l'hôpital civil, d'une infirmerie pour les prisonniers. Le 28 juin de la même année, une délibération du conseil municipal le nomma médecin physicien de la ville de Colmar. Peu après il fut arrêté. C'est ici que se place cette fameuse histoire de la culotte de peau, plaisante et lugubre tout à la fois, et que le cadre étroit de notre publication nous permet tout au plus de mentionner. Rendu bientôt à la liberté, Morel resta à Colmar jusqu'en 1801. Le 23 avril 1799, il reçut, par commission du ministre de la guerre Milet-Mureau, le titre de chirurgien en chef de l'hôpital militaire. Le général Leclerc, époux de la belle Pauline, sœur de Napoléon, se trouvait à Colmar au moment où il fut investi du commandement de l'armée des Pyrénées chargée de l'expédition du Portugal. Traité par Morel dans une courte maladie qu'il fit en Alsace, le général engagea le jeune médecin à l'accompagner dans cette expédition. Morel y consentit et fut nommé chirurgien en chef du corps d'armée d'observation de la Gironde (17 février 1801). Il revint une année après, et dès lors il donna tous ses soins à la médecine. La routine régnait alors en souveraine dans cet art, qui réclamait de nombreuses réformes. C'est à Morel qu'on doit en grande partie la substitution des moyens simples et en même temps actifs, à la médicamentation polypharmaque et ruineuse en usage chez nos pères. L'empirisme était un fléau terrible et son intervention occasionnait, notamment dans les accouchements, un nombre incroyable de victimes. Morel s'occupa avec un zèle infatigable à combattre ce mal. Ses efforts furent couronnés de succès : il parvint à fonder à Colmar l'école d'accouchement du département. Cet établissement, auquel il n'a jamais cessé de consacrer tous ses instants, fut inauguré le 1er décembre 1805. Morel se livra à l'enseignement des élèves de l'école avec un amour tout particulier et traduisit, pour leur usage, le manuel d'accouchement de Baudelocque. Il avait déjà publié une traduction du Traité des plaies de tête, de Richter. Querard fixe la date de ce volume à l'année 1797. Morel fut aussi le premier promoteur de la vaccine dans le Haut-Rhin. Il obtint, à ce sujet, une des premières médailles d'encouragement. En 1811, il publia un *Précis historique de l'établissement de la vaccine dans le département du Haut-Rhin*. Grâce à sa rare intelligence, grâce à une activité sans bornes, Morel sut si bien mettre à profit les expériences d'une pratique journalière que, dès 1810, il était compté parmi les premiers médecins de la France.

Ce fut le 3 avril 1813, alors que les trois ou quatre bâtiments affectés au service des hôpitaux absorbaient tout son temps, que Morel fut nommé maire de la ville de Colmar. Son administration a été critiquée. Qu'il nous suffise de dire que justice lui a été rendue de son vivant déjà, et que justice a été rendue à sa mémoire. Ses détracteurs l'ont reconnu eux-mêmes, la parcimonie qui lui fut reprochée était une nécessité. Par son énergie, sa droiture, sa stricte économie, il sut rétablir les finances de la ville, compromises dans les dilapidations de certains de ses prédécesseurs. D'ailleurs à cette époque de guerre où notre contrée était continuellement occupée par une armée considérable, expédier exactement les affaires courantes de la mairie, c'était bien administrer. Comment pouvait-il être question de réforme et d'embellissement? Pour satisfaire aux exigences de sa position comme médecin et comme administrateur,

Morel eut besoin de déployer une activité prodigieuse. Il s'acquitta de sa double mission avec un zèle et un dévouement exemplaires. Révoqué en septembre 1815, il avait déjà reçu le dédommagement qui lui était dû, de l'estime de ses concitoyens qui l'avaient envoyé à la Chambre des représentants le 11 mai de cette même année.

Morel fut pendant toute sa vie un admirateur enthousiaste de Napoléon ; aucun sacrifice ne lui eût coûté pour le triomphe de cette cause, et sa répulsion pour la Restauration alla si loin, qu'on le soupçonna de n'être pas resté entièrement étranger à la conspiration de Belfort. Il applaudit à la révolution de Juillet, moins par amour pour le nouveau régime que par haine pour le gouvernement déchu. Il fut renommé maire de Colmar le 28 janvier 1832. Le 1er mai 1841, il donna sa démission, vaincu par l'âge et les fatigues.

Morel est mort à Colmar, le 15 décembre 1842. Il avait été nommé, le 1er janvier 1814, chevalier de l'ordre de la Réunion, pour le dévouement dont il avait fait preuve au service de Napoléon pendant l'invasion.

ANT. MEYER, PHOTOG. COLMAR   DÉPOSÉ

MUNTZ, Eugène

MUNTZ, Eugène

EST d'ores et déjà classé parmi les maîtres de la critique et de l'histoire de l'art. Sa réputation a passé les monts et les mers, et elle ne fait que s'accroître de jour en jour. Fils, petit-fils et arrière-petit-fils de notaires, M. Muntz est né à Soultz-sous-Forêts en 1845. Son père a représenté, en 1848, son canton au Conseil général; son grand-père a été élu, à diverses reprises, membre de la Chambre des députés, sous le règne de Louis-Philippe. L'un de ses oncles, le pasteur Adolphe Muntz, s'est fait un nom par ses travaux d'histoire et de géographie; il a publié entre autres une étude sur Nicolas de Clemangis et une grande Géographie universelle. Ses relations littéraires étaient nombreuses, elles étaient des meilleures; une étroite amitié l'unissait à Michelet, qui parle de lui dans son *Histoire de France*.

M. Muntz a fait ses études classiques au lycée Bonaparte, à Paris, puis il a suivi les cours de l'Ecole de droit, et pris le grade de licencié. Mais la jurisprudence ne devait pas le conserver parmi ses adeptes : aux sécheresses du code, il préféra les beautés de l'art. Des voyages en Allemagne et en Angleterre lui révélèrent sa véritable vocation. La guerre l'arracha à ses études et il servit, en qualité de sergent, dans un des bataillons de mobiles de la Seine. En 1873, Albert Dumont l'emmena à Rome. M. Muntz passa trois années à l'Ecole française du palais Farnèse et, à son retour à

Paris, fut nommé successivement sous-bibliothécaire de l'Ecole des Beaux-Arts, bibliothécaire-archiviste, conservateur de la bibliothèque et du musée, et enfin, en 1884, suppléant de M. Taine pour le cours d'esthétique et d'histoire de l'art.

Ses premiers travaux ont trait à l'Alsace. A *Holbein d'après ses derniers historiens* (1869) ont succédé les *Monuments d'art détruits à Strasbourg*, pendant le siège (1872); deux monographies sur *Le chroniqueur Bernard Hertzog et son gendre le poète Jean Fischart* (1873); une brochure sur les *Monuments d'art alsaciens* conservés à la Bibliothèque impériale, au Belvédère, au Musée autrichien pour l'art et l'industrie et à l'Albertina de Vienne. Il signalait en même temps le manuscrit et les miniatures du *Crist* d'Otfrid de Wissembourg, poême du IXe siècle; le *Christ en croix* de Nicolas Wurmser, de Strasbourg (XIVe siècle); un grand nombre de gravures et de tableaux de Martin Schœngauer et de Baldung Grien; le *Kunst-Büchlein* des Vogtherr (1537), rare et précieux *livre artificier* à peu près introuvable; un tableau du grand architecte W. Dietterlin; des dessins de Baur, de François Ertinger, de Jean Walther, peintre strasbourgeois dont on ne connaissait que le nom, de Jean-Jacques Arhardt; des gravures de Heimlich, d'Hombourg, de Zix, de François Brunn, conservées à l'Albertina. M. Muntz a recueilli en outre une grande quantité de documents sur l'histoire des arts dans notre province; nous espérons que malgré ses nombreuses et absorbantes occupations, il trouvera, dans un avenir prochain, le temps de les mettre en œuvre et d'enrichir ainsi nos annales des précieuses révélations que l'on attend de lui.

M. Muntz a voué un culte profond à l'Italie. Il a fouillé avec ardeur et, disons-le, avec un rare bonheur, le passé de cette terre classique des arts, l'archéologie, le moyen-âge, la renaissance n'ont plus de secrets pour lui. Voici, d'après leur ordre de date, les principaux ouvrages qu'il a publiés : *Les Monuments antiques de Rome au XV*^{e} *siècle* (1876); *les anciennes Eglises et Basiliques de Rome* (1877); *Notes sur les mosaïques chrétiennes de l'Italie* (1874-1878); *Inventaire des bronzes antiques de la collection du pape Paul II* (1876); *Inventaire des camées antiques de la collection du pape Paul II* (1878); *Essai sur l'histoire des collections italiennes d'antiquités* (1879); *Raphaël archéologue et historien d'art* (1880); *Giovannino de' Dolci, l'architetto della capella Sistina e delle fortezze di Ronciglione e di Civita Vecchia* (1880); *Ricerche intorno ai lavori archeologici di Giacomo Grimaldi... fatte sui manoscritti che si conservano a Roma, a Firenze, a Milano, a Torino e a Parigi* (1881); *Etudes sur l'histoire des arts à Rome pendant le moyen-âge : Boniface VIII et Giotto* (1881); *Raphaël, sa vie, son œuvre et son temps* (1881). Ce magnifique ouvrage (à propos duquel un auteur autorisé a dit: *Nous avons aujourd'hui sur Raphaël un livre définitif*) a été couronné par l'Académie française. Il a été réédité en 1886; il avait déjà été traduit en anglais (Londres 1882) sous le titre : *Raphael, his life, works and times. Les Précurseurs de la Renaissance* (1882); *le Musée du Capitole et les autres collections romaines d'antiquités à la fin du XV*^{e} *et au commencement du XVI*^{e} *siècle*, avec un choix de documents inédits (1882); *Etudes sur l'histoire de la peinture et de l'iconographie chrétiennes* (1882); nouvelle édition, 1885; *les Arts à la cour des Papes aux quinzième et seizième siècles*, 3 volumes (1878-1882), ouvrage auquel l'Académie des Beaux-Arts a décerné un prix de 3000 fr.; *la Tapisserie* (1882), deuxième édition, 1884 (traduit en anglais); *Histoire générale de la Tapisserie en Italie, en Allemagne, en Angleterre,* en *Danemark, en Hongrie, en Pologne, en Russie et en Turquie* (1878-1884); *la Renaissance en Italie et en France au temps de Charles VIII* (1884); *le Palais de Venise à Rome* (1884); *Donatello* (1885); *les Monuments antiques de Rome à l'époque de la Renaissance*, nouvelles recherches (1885); *la Bibliothèque du Vatican sous les papes Nicolas V et Calixte VII; la Bibliothèque du Vatican au XVIe siècle* (1886).

Il ne faudrait pas conclure, d'après cette longue nomenclature de travaux relatifs à l'Italie, que M. Muntz ait négligé la France. Il a donné une étude intitulée *Guiliano da San Gallo et les Monuments antiques du Midi de la France au XVe siècle* (1885); *les Peintures de Simone Martini à Avignon* (1885); *Note sur quelques artistes avignonnais du Pontificat de Benoît XIII* (1886); *le Château de Fontainebleau au XVIIe siècle* (1886). La *Revue critique*, la *Gazette des Beaux-Arts*, la *Revue archéologique*, les *Nouvelles Archives de l'Art français*, le *Bulletin de la Société des Antiquaires de France*, l'*Art*, la *Revue des Deux-Mondes*, etc., le comptent parmi leurs collaborateurs; il dirige la *Bibliothèque internationale de l'Art*.

M. Muntz a été comblé de distinctions en France et à l'étranger. Il nous énumérait un jour les titres nombreux que lui ont valus ses travaux : « Affaires de vanité! conclut-il… Mon Dieu, que j'échangerais tous les honneurs de ce monde contre le plaisir que j'éprouve à découvrir un document ancien ou à rédiger une notice sur quelque grand artiste de la Renaissance ». Ces quelques mots ne peignent-ils point l'homme tout entier… et ne le font-ils pas aimer ?

ANT MEYER, PHOTOG COLMAR   DEPOSE

VALENTIN, Marie-Edmond

VALENTIN, Edmond

Est né à Strasbourg, le 23 avril 1822, et non en 1823, comme le porte le monument élevé sur sa tombe, et comme tous les journaux l'ont répété sur la foi du *Dictionnaire des contemporains*. Son père était alors avoué et remplissait la charge de secrétaire des hospices de la ville. C'était un royaliste convaincu et un catholique fervent; aussi quand survint 1830, fut-il contraint d'abandonner sa place de secrétaire des hospices. Peu après il vendit sa charge d'avoué et se retira à Blodelsheim, dans le Haut-Rhin. Grâce à l'appui de personnes influentes, il parvint à se faire nommer percepteur dans cette résidence. Sa famille était nombreuse et ses ressources modiques. Ne pouvant envoyer son fils Edmond au collége, il dirigea lui-même son éducation.

A l'âge de 17 ans, Valentin était employé dans la fabrique de produits chimiques de Charles Kestner, à Thann, tandis que sa sœur, Rose, depuis supérieure du couvent de Notre-Dame de Sion, dirigeait l'éducation des deux jeunes filles qui devinrent, l'une Mme Charras et l'autre Mme Scheurer-Kestner. Mais la vie de bureau ne convenait guère au bouillant jeune homme. Pendant l'été de 1840, il s'engagea au 29e de ligne, en garnison à Metz, où il ne tarda pas à trouver l'occasion de donner des preuves de son indomptable énergie. En mars 1848, il maîtrisa une sédition militaire de la garnison, qui depuis trois jours s'étalait impunément dans les rues de la ville. Du 29e de ligne, il passa au 6ᵉ bataillon de chasseurs à pied, en garnison à Strasbourg, et y fut nommé sous-lieutenant, le 9 octobre 1848, sans avoir subi aucune punition depuis son entrée au service.

Il fut mis bientôt après en disponibilité, pour avoir manifesté trop hautement ses opinions républicaines. La population de Strasbourg le vengea en l'envoyant à l'Assemblée législative. Sa candidature proposée au congrès républicain par Küss, fut accueillie avec transports, et le 10 mars 1850, il fut élu représentant du Bas-Rhin. Voyant l'existence de la République menacée, Valentin alla siéger à l'extrême-gauche. La première fois qu'il monta à la tribune, ce fut le 6 avril; il était en uniforme de lieutenant. Il ne cessa de combattre en tirailleur les gros bataillons de la droite, et ses interruptions lui valurent maints rappels à l'ordre du président Dupin. Ses attaques contre la politique de l'Elysée occasionnèrent même un duel entre lui et le vicomte Clary, allié de la famille Bonaparte : le combat eut lieu sous le pont de Courbevoie, et Valentin eut la cuisse traversée d'un coup d'épée. A la veille du coup d'Etat, il fut écarté du service actif pour avoir publiquement dénoncé l'embauchage pratiqué dans les casernes de Paris dans le but d'ameuter l'armée contre l'Assemblée nationale.

Valentin fut arrêté l'un des premiers, pendant la nuit du 2 décembre 1851 : il était compris au nombre des seize représentants que M. de Morny avait donné l'ordre de saisir morts ou vifs. Conduit à Mazas, puis expulsé du territoire, il se retira à Bruxelles; mais sur l'injonction du gouvernement français, le ministère belge l'obligea à quitter la Belgique et à se réfugier en Angleterre. Il s'établit comme maître de français, dans la petite ville d'Exeter. En même temps il apprit l'anglais, et l'apprit si bien, qu'au bout de huit mois des plus dures privations, il était nommé professeur au collège de Saint-Colomban, près de Dublin. Vers 1860, il revint d'Irlande en Angleterre et fut chargé du cours d'histoire militaire à l'école de Woolwich : il il y resta dix ans. L'exil eut pour lui toutes les amertumes et jusqu'à son entrée à Woolwich, il eut à subir des souffrances cruelles. Mais la trempe de son caractère était telle, que jamais, au milieu même des plus terribles épreuves, il ne se laissa aller au désespoir, que jamais, avant le jour où il quitta Exeter, ses compagnons d'exil ne soupçonnèrent son affreuse détresse. L'amnistie de 1859 lui avait rouvert les portes de la patrie ; il alla régulièrement, à partir de cette époque, passer ses vacances à Paris.

Lors de la déclaration de guerre de 1870, Valentin accourut en France, et s'offrit au ministre de la guerre, par une lettre datée du 16 juillet, de rentrer comme simple volontaire au 6me chasseur, où il avait servi comme officier. La lettre resta sans réponse. Le gouvernement de la Défense nationale, par un de ses premiers actes, le nomma, le 6 septembre, préfet du Bas-Rhin. Gambetta, promoteur de cette mesure, avait reconnu dans Valentin, l'homme capable d'accomplir cette périlleuse mission. Valentin n'eut pas d'hésitation, et c'est alors que commença cette lutte héroïque d'un seul homme contre toute une armée d'investissement. Parti de Thann le 7 septembre, il disait aux amis qui l'entouraient : « *J'entrerai à Strasbourg — il le faut — je le veux.* » La ville, assiégée par par soixante mille hommes, entourée d'un cercle de feu est inabordable. Mais l'indomptable Valentin l'a dit : il y entrera. Le 20 septembre, après mille prodiges d'audace, il arrive à la nage, sous le feu croisé des Français et des Allemands. Conduit devant le général Uhrich, il présente sa commission, se fait reconnaitre, et prend possession de la Préfecture. Il faut lire le récit qu'il a fait à M. Signouret de cette gigantesque aventure, récit qui selon l'un de ses biographes, a la sobriété d'un procès-verbal et la beauté émouvante d'un drame antique, et alors on comprendra combien sont vraies ces paroles prononcées par M. Scheurer-Kestner, sur sa tombe : « Il est rare chez un peuple même aux époques glorieuses de son histoire, d'avoir à honorer une mémoire aussi héroïque ».

Après la capitulation de Strasbourg, Valentin fut interné à Ehrenbreitstein. Il en revint, à l'armistice, pour aller prendre la redoutable préfecture du Rhône. L'émeute grondait dans cette ville, et l'armée montrait de la répugnance à marcher contre l'insurrection. Valentin entraîna les troupes en se plaçant à leur tête. Il enleva les barricades, mais ce fut au prix de son sang ; il fut blessé à la jambe. En janvier 1872, il quitta la préfecture, et Thiers lui offrit, à titre de compensation, le poste de trésorier général du Loiret. Valentin refusa et rentra dans la vie privé. Il fut élu député de Seine-et-Oise en 1875, et sénateur du Rhône en 1876. Il est mort le 31 octobre 1879.

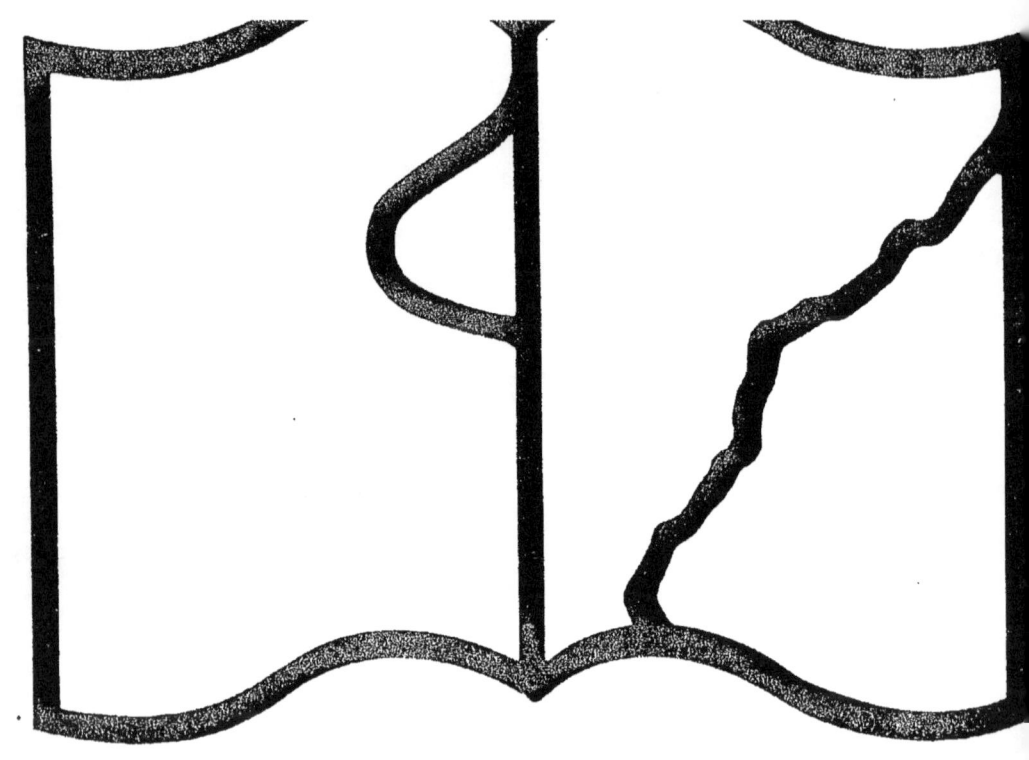

Texte détérioré — reliure défectueuse

www.ingramcontent.com/pod-product-compliance
Lightning Source LLC
Chambersburg PA
CBHW070540160426
43199CB00014B/2312